Hochbeete – einfach, preiswert, ertragreich

Erste Auflage
© 2011 BOD, Books on Demand
Umschlaggestaltung : Rita Linhart
Umschlagmotiv: Rita Linhart
Foto: Copyright © Rita Linhart

BOD, Books on Demand
In de Tarpen 42
22848 Norderstedt
Fon +49(0)40 534335-11
Fax +49(0)40 534335-84
info@bod.de
www.bod.de

Herstellung und Verlag
Books on Demand GmbH, Norderstedt
ISBN 978-3-842-34619-2

Hochbeete

einfach, preiswert, ertragreich

von Rita Linhart

gewidmet

all jenen HobbygärtnerInnen, die sich mit geringem
zeitlichem und finanziellem Aufwand
selbst versorgen wollen

Inhaltsverzeichnis

*Das Leben
beginnt mit dem Tag,
an dem man einen Garten anlegt.*

(aus China)

Teil 1 – Planung und Bau

Welche Vorteile hat ein Hochbeet?

- Das Beet kann auf einem Untergrund errichtet werden, der sich sonst nicht für den Gemüseanbau eignen würde, wie z.B. in der Nähe von Bäumen, deren Wurzeln sich im Erdreich befinden und auf nährstoffarmen und nicht tiefgründigen Böden.
- Durch den Verrottungsprozess der Erdschichten und die Sonnenbestrahlung der Seitenflächen entsteht Wärme, die das Wachstum der Pflanzen begünstigt. Gemüse in Hochbeeten kann zwei bis drei Wochen früher geerntet werden als konventionell angebautes. Die Erträge sind höher.
- Die Gefahr von Staunässe entfällt, da überschüssiges Wasser abfließen kann. Die bessere Sauerstoffversorgung des Untergrunds verhindert Pflanzenkrankheiten.
- Für Schnecken ist es sehr viel schwerer, wenn nicht sogar unmöglich, an das begehrte Grün zu gelangen.
- Gießen ist einfacher und ergiebiger, da die Beete regelrecht geflutet werden können.
- Unkraut kann leichter in Schach gehalten werden.
- Grünabfälle aus Haus und Garten können zyklusgerecht recycelt werden.
- Sie müssen sich nicht mehr so tief bücken.

Was muss man bei der Wahl des Standorts beachten?

Der Standort sollte so gewählt werden, dass die Beete möglichst viel Sonne bekommen. Schattige oder halbschattige Standorte sind für die Gemüseaufzucht nicht geeignet (Ausnahme: Petersilie, Erdbeeren, Grünkohl). Achten Sie darauf, dass Sie die Beete so platzieren, dass sie von mindestens einer Seite aus begehbar und mit der Schubkarre erreichbar sind. Wenn Sie die Beete direkt nebeneinander aufbauen, denken Sie daran, dass der Zwischenraum Schnecken einen schönen dunklen und feuchten Unterschlupf bietet. Wenn Sie keine Abneigung gegen Schneckenkorn haben, streuen Sie im Frühjahr ein biologisches Schneckenkorn, z.B. Ferramol® (von Neudorff) in die Ritzen! Es hat mit den Pflanzen keinerlei Kontakt und die Schnecken werden bereits gekillt, bevor sie sich explosionsartig vermehren.

Wenn Sie gänzlich auf Chemie verzichten wollen, dann lassen Sie etwas mehr Platz zwischen den Hochbeeten.

Bei pflegeintensiven Kulturen, wie z.B. Tomaten, die ausgegeizt* und angebunden werden müssen, ist es besser, wenn das Beet von mindestens zwei Seiten aus erreichbar ist.

Für die Tomatenbeete brauchen Sie eine Überdachung. Konzipieren Sie diese so, dass die Konstruktion keinen Schatten auf andere Beete werfen kann. Machen Sie sich einen Plan!

Tipp: Beginnen Sie mit zwei bis vier Hochbeeten und erweitern Sie jedes Jahr Ihren Bestand. Somit können Sie im Herbst Ihre Gartenabfälle zyklusgerecht entsorgen.

* ausgeizen: Entfernen des Triebes in der Blattachsel, näheres dazu in Teil 3 dieses Buches unter Tomaten

Kann man ein Hochbeet selbst bauen?

Ja! Der Aufbau ist denkbar einfach. Sie brauchen dafür weder besondere technische Kenntnisse oder Spezialwerkzeuge, noch einen überdimensionalen Bizeps.

Kann man das Material alleine transportieren?

Ein Bretterset ist leicht im Auto zu verstauen. Das Be- und Entladen ist problemlos von einer Person durchführbar.

Abb. 1: Hochbeete im Frühjahr vor der Bepflanzung

Welche Materialien braucht man?

Das „Geheimnis" meiner Hochbeete ist, dass ich dafür einen handelsüblichen Bausatz für **Steckkomposter** verwende. Die Bretter dazu gibt es in fast jedem Baumarkt oder Gartencenter. Wichtig dabei ist, dass die Konstruktion auch wirklich stabil ist. Die Aussparung, in die das darüber liegende Brett eingehängt wird, muss mindestens zwei Zentimeter tief sein. Auf dem Markt gibt es Modelle, die eine geringere Tiefe aufweisen. Diese haben sich als zu instabil herausgestellt und sind gänzlich ungeeignet.

Der Steckkomposter wird auf **vier Platten** gestellt. Sie können Beton- oder Steinplatten verwenden, die eine Größe von ca. 30 x 30 cm haben.

Die Seiten werden mit **Teichfolie** ausgekleidet.

Um die Teichfolie am oberen Rand befestigen zu können, brauchen Sie entweder einen **Handtacker** und Heftklammern oder großköpfige, kurze **Nägel** und einen Hammer.

Zum Schutz gegen Mäuse und andere Nager können Sie noch **Kükendraht** verwenden. Ich habe darauf verzichtet und keinerlei negativen Erfahrungen diesbezüglich gemacht.

Eine **Schere** und ein **Maßband** finden sich in jedem Haushalt.

Ein Sack **Blumenerde** eignet sich bestens als Untergrund, wenn das Gemüse ausgesät wird, da diese frei von Unkrautsamen ist.

Welche Höhe hat ein Hochbeet?

Sie können die Höhe des Hochbeets selbst bestimmen. Ein handelsüblicher Steckkomposter ist 60 cm hoch, er umfasst 16 breite Bretter und 4 schmale Abschlussbretter. Wenn Ihnen dies zu niedrig ist, kaufen Sie gleich ein zweites Set und stocken auf.

Ich empfehle Ihnen, die ersten Beete einen „Stock" niedriger anzulegen (12 Bretter).

Wenn sich im Laufe der Jahre im Garten genug Kompost ange-sammelt hat, können Sie das Beet um eine „Etage" bzw. 15 cm aufstocken.

Aber Sie können auch gleich höher beginnen, was den Vorteil hat, dass Sie sich noch weniger bücken müssen. Dies ist jedoch mit dem Nachteil verbunden, dass die Konstruktion zu hoch ist, um den Kompost mit der Schubkarre ausladen zu können.

Da sich das Erdreich jedes Jahr setzt, bietet das Beet automatisch Raum für neuen Kompost.

Beinhalten die Materialien Giftstoffe?

Die Bretter sind kesseldruckimprägniert und witterungsbeständig. Sie haben keinen Kontakt zur Erde in den Beeten, so dass even-tuelle Beeinträchtigungen durch chemische Stoffe unterbleiben.

Welches Material braucht man zum Abdichten der Beete?

Zum Abdichten des Zwischenraums zwischen den Brettern ver-wende ich Teichfolie. Ich habe mehrere Materialien getestet, unter anderem auch Unkrautvlies und Bändchengarn. Letzteres wurde mir empfohlen, da es billiger ist als Teichfolie. Ich habe den Kauf schon sehr oft bereut, da sich dieses Bändchengarn wie ein selbst gestrickter Pullover aufdröselt und man irgendwann überall in der Erde auf Bändchen trifft.

Unkrautvlies ist ebenfalls nicht besonders gut geeignet. Es erwies sich als zu schwach gegen den Druck des Beetinhalts und riss besonders an den angetackerten Stellen.

Teichfolie hingegen dichtet das Beet nicht nur gegen das Austre-ten von Erde und Gießwasser ab, sondern verhindert auch die schnelle Verdunstung der Feuchtigkeit. Das schwarze Material erwärmt sich sehr durch Sonneneinstrahlung, wodurch die Erde in

Hochbeeten bis zu acht Grad wärmer ist als in Flachbeeten. Der Ernteerfolg hängt maßgeblich von diesen Parametern ab.
Sie benötigen pro Beet vier Quadratmeter Folie. Dabei können Sie getrost die preisgünstigste Variante wählen.

Tipp: Seien Sie großzügig beim oberen Umschlag der Teichfolie über den Rand. Sie können Ihre Beete im Laufe der Jahre erhöhen und dafür die Überlappung lösen und neu befestigen.

Was kostet ein Hochbeet?

Ein klassischer Steckkomposter kostet im Handel ca. 15 Euro (Bauhaus: 14,95 Euro, Stand 3/2011). Das Set umfasst 20 Bretter (16 breite und 4 schmale Hölzer), daraus lässt sich ein Beet von 60 cm Höhe bauen. Es bietet Ihnen eine Anbaufläche von 1 qm.
1 qm Teichfolie ist bereits für 1,85 Euro zu erhalten, so dass für die 4 qm Folie für die Seitenwände nochmals mit etwa 7,40 Euro zu rechnen ist.

Wo kann man die Materialien kaufen?

Ich habe den Steckkomposter im Baumarkt gekauft. Natürlich können Sie sich die Bretter auch von einem Schreiner zusägen lassen und die gewünschte Holzart aussuchen. Lärche und alle anderen Harthölzer bieten sich dafür an. Es gibt auf dem Markt unzählige Beetformationen, die bestimmt alle sehr gut sind und auch sehr teuer. Ich habe das Buch für diejenigen geschrieben, die das Geld dafür nicht ausgeben möchten.

Tipp: Die Hersteller modifizieren ihre Modelle oft. Kaufen Sie deshalb ein bis zwei Exemplare dieser Holzkomposter mehr und halten Sie diese als Vorrat.

Wie baut man ein Hochbeet?

- Stellen Sie Ihr Beet auf die vier Platten, damit das unterste Brett keinen Kontakt mit der Erde hat. Es verrottet sonst zu schnell.
- Legen Sie die vier Platten in den Eckpunktbereichen auf den Boden und positionieren Sie die ersten vier Bretter darauf. Mit einer Wasserwaage überprüfen Sie, ob die Konstruktion auf Null ausgerichtet ist. Gegebenenfalls müssen Sie etwas Erde unter den Platten abtragen bzw. auffüllen. Entfernen Sie dann die Bretter, die Platten lassen Sie liegen.
- Heben Sie nun innerhalb der Platten eine Grube von ca. 40 cm Tiefe aus. Der Erdaushub wird auf einer Schubkarre zwischengelagert und zum Schluss auf das Beet gekippt. Falls Sie die Beete auf einer Rasenfläche errichten, heben Sie die ausgestochenen Grassoden auf.
- In diese Grube können Sie nun Ihre groben Gartenabfälle werfen. Dazu zähle ich alles, was ich mit der Gartenschere nicht mehr zerkleinern kann, wie z.B. dicke Stämme, kräftigen Ast- und Rosenschnitt.
- Wenn Sie die Grube ebenerdig mit diesen Materialien gefüllt haben, geben Sie evtl. ein engmaschiges Drahtgitter darüber und schieben Sie die Ecken unter die Platten.
- Nun können Sie die Holzbretter aufstellen. Errichten Sie die Beete in der von Ihnen bevorzugten Höhe.
- Schneiden Sie die Teichfolie in Quadrate zu einem Meter Seitenlänge. Dabei ist die Höhe sehr großzügig für späteres Aufstocken bemessen.
- Dann kleiden Sie die Holzbretter von innen mit Teichfolie aus. Tackern Sie die Folie auch an den Ecken fest. Unten

sollte die Teichfolie ca. 10 – 15 cm nach innen gelegt werden, damit kein Wasser und keine Erde austreten können.

- Tackern Sie die Folie gut an der Außenseite fest, das Speichermaterial schlagen Sie nach innen ein. Wenn Sie nun einen Blick in das Innere der Konstruktion werfen, sollten Sie kein Holz mehr sehen. Die Teichfolie sollte den Steckkomposter komplett auskleiden.

Unten bleibt das Beet offen. Es muss einen Austausch mit dem Untergrund haben!

Wie lange dauert der Bau eines Hochbeets?

Das kommt auf den Untergrund an. Handelt es sich um eine Rasenfläche, dann rechnen Sie mit 1,5 Stunden pro Beet, anderenfalls kommt noch der Zeitaufwand für die Beschaffung der Erde hinzu.

Schritt für Schritt zum Hochbeet

Abb. 2: Überprüfen mit Wasserwaage

Abb. 3: Positionieren der Platten

Abb. 4: Ausheben der Grube

Abb. 5: Grobes Material für die Grube

Abb. 6: Befüllen der Grube

Abb. 7: Verdichten des Materials

Abb. 8: Aufbau des Holzkomposters

Abb. 9: Zusammensetzen der Bretter

Abb. 10: Ablängen der Teichfolie

Abb. 11: Festtackern der Ecken

Abb. 12: Umschlag nach innen

Abb. 13: Vollständiges Auskleiden

Wie befüllt man ein Hochbeet?

Das klassische Hochbeet besteht aus **3 bis 4 Schichten**:

- **Schicht 1** besteht aus grobem Baum- und Strauchschnitt, somit wird für eine gute Durchlüftung gesorgt.
- **Schicht 2** besteht aus Laub, zerkleinertem Strauchschnitt, Grünabfällen, Staudenresten, etc. Füllen Sie das Material bis knapp unter den Rand und zerkleinern Sie es mit dem Spaten. Darauf können Sie die ausgestochenen Grassoden legen, mit der Grasseite nach unten. Das hat den Vorteil, dass **Schicht 3** nicht durchrieseln kann. (Wenn Sie keine Grassoden haben, brauchen Sie von Schicht 3 mehr Material).
- **Schicht 3** besteht aus der Gartenerde, die Sie zuvor ausgehoben haben. Kippen Sie die Schubkarre mit der Erde ins Beet und verteilen Sie den Inhalt gleichmäßig. Achten Sie auf die Ecken!
- **Schicht 4** besteht evtl. aus Kompost bzw. Blumenerde; es hängt davon ab, was Sie in dem Beet anpflanzen wollen. Die Pflanzen werden in Schwach-, Mittel- und Starkzehrer unterteilt (siehe „Bepflanzen des Hochbeets"). Mittel- oder Starkzehrern brauchen eine 5 cm dicke Schicht **Kompost.** Bei Schwachzehrern reicht der Mutterboden als Untergrund aus. Wenn Sie mit Saatgut (Radieschen, Bohnen und Erbsen) arbeiten, können Sie noch eine 5 cm dicke Schicht **Blumenerde** darüber geben. Sie ist frei von Unkrautsamen, was die Arbeit mit den kleinen Pflänzchen erleichtert.

Tipp: Achten Sie beim Befüllen mit Erde auf die Ecken der Bretterkonstruktion. Sie darf keine Hohlräume enthalten, da sonst das Gießwasser wie durch einen Abfluss ablaufen könnte.

Abb. 14: Befüllen mit mittelgrobem Material

Abb. 15: Zerkleinern des Materials

Abb. 16: Befüllen mit Erde (evtl. Grassoden dazwischen legen)

Abb. 17: Verteilen der Erde

Abb. 18: Materialzugabe für Umschlag

Abb. 19: Umschlag nach innen

Woher bekommt man Mutterboden und Kompost?

Sollte ein Erdaushub unter dem Hochbeet nicht möglich sein, z.B. weil der Boden zu stark durchwurzelt ist, versuchen Sie es an einer anderen Stelle Ihres Gartens oder kaufen Sie einen großen Sack Blumenerde und befüllen damit ihre Beete.

Sie können sich aber auch Mutterboden besorgen. Dieser wird auch Oberboden genannt und ist die oberste und fruchtbarste Bodenschicht. Er besteht aus Sand, Kies, Humus und Kleinstlebewesen. Vielleicht haben Sie ja einen Nachbarn, der gerade ein Schwimmbad aushebt! Überall, wo Erdaushubarbeiten anfallen, gibt es Mutterboden oft als überschüssiges Material. Dieses muss entfernt werden und darf nicht zusammen mit dem anderen Boden entsorgt werden. Aus diesem Grund liest man oft in den Regionalzeitungen: Mutterboden abzugeben. Greifen Sie zu!

Da es oft nicht einfach ist, Anbieter und Nachfrager zusammen zu bringen, gibt es bereits eine Mutterbodenbörse, an die man sich bei Bedarf wenden kann.

http://www.mutterboden.de/#bodenbörsen

Auch ein Anruf bei der Abfallberatung Ihrer Stadt oder Ihres Landkreises kann Ihnen wichtige Informationen beschaffen.

Ich habe meinen Mutterboden teilweise im hinteren Teil meines Gartens ausgestochen und darüber einen Komposthaufen gesetzt.

Braucht man eine Drainage?

Staunässe ist oft die Ursache dafür, dass Pflanzen nicht gut gedeihen. In Hochbeeten sind die Wurzeln konstruktionsbedingt besser durchlüftet als in Flachbeeten und der schichtweise Aufbau ermöglicht es, dass überschüssiges Wasser leichter ablaufen kann. Eine zusätzliche Drainage ist deshalb nicht erforderlich. Auch bei Starkregen besteht keine Staugefahr.

Wann kann man die Hochbeete errichten?

Natürlich ist es von Vorteil, wenn die Beete bereits im Herbst errichtet werden und das Erdreich durch die Witterungseinflüsse Zeit hat sich zu setzen. In diesem Fall können Sie die oberste Schicht gleich bis knapp unter den Beetrand füllen.

Wenn Sie das Beet im Frühjahr errichten, müssen Sie etwas nachhelfen. Zerstoßen Sie das Material von **Schicht 1 und 2** so gut wie möglich, indem Sie mit dem Spaten von oben in das Beet stechen und achten Sie darauf, dass keine sperrigen Hölzer gegen die Bretterkonstruktion drücken! Gießen Sie das Beet nach Fertigstellung lange und ausgiebig mit dem Schlauch!

Wenn Sie Salat pflanzen wollen, den Sie mit einer Plastikhaube schützen wollen, dann bleiben Sie 15 cm unter dem oberen Rand. Falls Sie ohne „Frühbeetabsichten" Beete errichten, dann reichen 10 cm Abstand vom oberen Rand.

Nun steht einer Bepflanzung nichts mehr im Wege!

Tipp: Errichten Sie ein Beet mehr und benutzen Sie es den Sommer über als Komposthaufen, im Herbst ist der Untergrund für ein neues Hochbeet bereits fertig.

Dumme hasten,
Kluge warten,
Weise gehen in den Garten.

(Rabindranath Tagore)

Teil 2 – Bepflanzung und Pflege

Welches Gemüse kann man in Hochbeeten kultivieren?

Sie können jede Art von Gemüse in den Hochbeeten anpflanzen. Pflanzen, die viel Platz brauchen, sind besser in Flachbeeten aufgehoben. Dazu zähle ich Artischocken, Kürbis, Mais, Melonen, Rhabarber und Zucchini.

Bestens geeignet sind: Auberginen, Buschbohnen, Erbsen, Erdbeeren, Fenchel, Gurken, Knollensellerie, Kohlrabi, Mangold, Möhren, Paprika, Radicchio, Radieschen, Rettich, Rosenkohl, Salat, Staudensellerie, Tomaten und Kräuter, wie z.B. Basilikum, Petersilie und Rucola. Die entsprechende Pflegeanleitung für diese Gemüsesorten finden Sie in Teil 3 dieses Buches.

Ist Eigenanzucht lohnenswert?

Das eigenhändige Aufziehen der Pflänzchen aus Samen ist mir zu aufwändig und umständlich, da ich kein Gewächshaus habe und die Anzucht auf dem Fensterbrett vornehmen müsste. Bis auf wenige Ausnahmen, wie z.B. Bohnen, Erbsen, Radieschen, Rucola und evtl. Salat verwende ich die bereits vorgezogenen Pflänzchen aus dem Gartencenter. Diese haben den Vorteil, dass sie professionell in Gewächshäusern vorgezogen wurden, sie sind robuster als die in Eigenregie gezogenen.

Dies habe ich vor allem bei Tomaten festgestellt, als ich die im Gartencenter gekauften neben denjenigen habe wachsen sehen, die ich selbst aus Samen gezogen hatte. Es war ein riesiger Unterschied. Meine Zucht entwickelte sich viel langsamer, der Stamm war nur halb so dick, die Ernte betrug nur ein Drittel derer, die im Gartencenter erworben wurden, und zum Schluss erkrankten meine Zöglinge trotz der Überdachung an Blattfäule.

Discounter- oder Baumarktware ist in diesem Zusammenhang nicht zu empfehlen. Ich bevorzuge veredelte und resistente Sorten und scheue mich nicht davor, ein paar Euro mehr dafür zu bezahlen. Schließlich investiere ich viel Zeit und Arbeit in die Aufzucht und das rentiert sich nur bei bestem Ausgangsmaterial. Für die Pflänzchen aus dem Gartencenter zahle ich jährlich ca. 80 Euro, damit kann ich meine 21 Hochbeete bestücken.

Es hängt von der Größe des Hochbeetparcours ab, ob man z.B. Salat aussät oder als Pflänzchen kauft. Eine Samentüte Pflücksalat kostet derzeit 3,18 Euro und reicht für 750 Pflanzen. Ein Salatpflänzchen im Gartencenter oder Wochenmarkt kostet 0,20 Euro (Stand 2011). Achten Sie beim Samenkauf auf das Verfalldatum!

Welchen Dünger soll man verwenden?

Der Markt ist mit Düngemitteln quasi zugeschüttet. Es gibt inzwischen für jede Gemüse- und Obstsorte, jeden Baum, jede Staude und jedes Kraut einen extra Dünger. Mit ein paar Grundkenntnissen über Düngemittel können Sie sich viel Geld sparen.

Die Hauptnährstoffe für Pflanzen aller Art sind Stickstoff (N), Phosphor (P) und Kali (K), daraus leitet sich der Begriff NPK-Dünger ab. N begünstigt den Wuchs von Grün- bzw. Blattmasse, P wirkt sich effizient auf die Fruchtbildung aus und K stärkt die Zellwanddicke bei winterharten Kulturen. Ein Billigdünger enthält hauptsächlich diese drei Bestandteile. Achten Sie beim Kauf darauf, dass das Produkt zusätzlich Kalk, Magnesium und Spurenelemente (Schwefel, Eisen, Mangan, Molybdän, Bor, Zink und Kupfer) enthält. Oft erkennt man diese hochwertigen Produkte am Preis. Natürlich ist ein biologischer Dünger einem Kunstdünger vorzuziehen. Dieser steht den Pflanzen meist nicht sofort zur Verfügung und gibt erst nach und nach seine Wirkstoffe ab. Deshalb kann bei einem Naturprodukt die Gefahr des Überdüngens außer Acht gelassen werden.

Muss man Hochbeete regelmäßig düngen?

Ich verteile zu Beginn der Vegetationsperiode auf jedem Hochbeet im März/April jeweils eine Schubkarre reifen Kompost. Im hinteren Teil meines Gartens habe ich drei Komposthaufen, von denen jedes Jahr einer reif wird. Ich entferne das noch unreife Material, das obenauf liegt und werfe es auf Komposthaufen Nr. 2, bis ich auf schwarzen reifen Kompost stoße. Eine Schubkarre ergibt ungefähr 5 cm Kompostschicht auf einem Quadratmeter, also pro Hochbeet. Kompost enthält auch Unkrautsamen, die nur darauf warten, in Kraut schießen zu können; dies kann einer dicken Lage Blumenerde verhindert werden. Besonders bei Kulturen, die ausgesät werden (Bohnen, Erbsen, Radieschen), ist dies von Vorteil.

Tipp: Werfen Sie kein Unkraut auf Ihren Komposthaufen, sondern geben Sie es in die Biomülltonne.

Die Einteilung der Pflanzen in die verschiedenen Kategorien geschieht nach dem Grad des Nährstoffentzugs des Bodens. Grundsätzlich gilt folgendes:

Starkzehrer ♣♣♣

Auberginen, Blumenkohl, Chinakohl, Gurken, Grünkohl, Kartoffeln, Kohl, Lauch, Paprika, Rosenkohl, Sellerie, Tomaten und Wirsing entziehen dem Boden viele Nährstoffe und brauchen **eine dicke Schicht Kompost und zusätzlich Dünger beim Einpflanzen und während ihrer Wachstumsperiode**.

Mittelzehrer ♣♣

Fenchel, Karotten, Knoblauch, Kohlrabi, Möhren, Rote Beete, Salat, Schwarzwurzeln, Spinat und Zwiebeln **kommen nur mit einer dicken Schicht Kompost und ohne zusätzliche Düngergaben aus.**

Schwachzehrer ♣

Buschbohnen, Erbsen, Radieschen und Kräuter, die dem Boden wenig Nährstoffe entziehen oder ihm diese sogar zurückgeben, **kommen mit einer dünnen Schicht Kompost und ohne zusätzliche Düngergaben aus.**

Abb. 20: Hochbeete im Mai

Welche Gemüsesorten dürfen nebeneinander stehen?

Ich baue in einem Hochbeet immer nur eine Gemüsesorte an. Lediglich Radieschen und Rettiche mische ich unter andere Kulturen. Mit welchen Nachbarn sie sich vertragen, erfahren Sie im Teil 3 des Buchs.

Warum darf man nicht jedes Jahr das gleiche Gemüse im selben Beet anpflanzen?

Für ein erfolgreiches Anbauen von Gemüse ist es wichtig, die Fruchtfolge einzuhalten.

Da jede Pflanze ihren eigenen Bedarf an Nährstoffen hat und dementsprechend dem Boden diese entzieht und darin ihre Stoffwechselprodukte hinterlässt, die zum Teil giftig sein können, würde der Untergrund bei Monokultur auf Dauer einseitig ausgelaugt werden und Krankheiten begünstigen. Diesem einseitigen Nährstoffentzug kann man entgegenwirken, indem man jedes Jahr den Standort wechselt. Durch das Wandern der Kulturen in den Hochbeeten kann man dem am besten entgegenwirken und auch Schädlinge regelrecht aushungern.

Es gibt sogar Pflanzen, die dem Boden Nährstoffe zurückgeben, die so genannten Leguminosen. Darunter fallen unter anderem Erbsen und Buschbohnen. An ihren Wurzeln befinden sich Knöllchenbakterien, die den Boden mit Stickstoff versorgen. Aus diesem Grunde fühlen sich auch die nahrungshungrigen Starkzehrer in deren Erdreich vom Vorjahr so wohl!

Es gibt Pflanzen, die ihren Stammplatz bevorzugen. Darunter fallen Tomaten und Erdbeeren. Es gibt verschiedene Auffassungen darüber, wie lange Tomaten am selben Ort stehen bleiben dürfen.

Ich ziehe sie bereits seit acht Jahren in denselben Hochbeeten und habe noch keine Qualitätseinbußen feststellen können.
Besonders wichtig ist die Fruchtfolge bei: Bohnen, Erbsen, Fenchel, Karotten, Kartoffeln, Kohl, Lauch, Petersilie, Spinat, Zwiebeln.

Wie funktioniert die Fruchtfolge im 2. Jahr?

Im Frühjahr des zweiten Jahres holen Sie Ihren Plan aus der Schublade und entwerfen die Fruchtfolge für das nächste Jahr.
Die Starkzehrer kommen nun in die neu errichteten Beete oder in die Beete der Schwachzehrer aus dem Vorjahr. Die Schwachzehrer wechseln in die Beete der Mittelzehrer und die diese in die der Starkzehrer.

neues Beet bzw.
Schwachzehrerbeet vom Vorjahr
↑
Starkzehrer ♣♣♣

Starkzehrerbeet vom Vorjahr
↑
Mittelzehrer ♣♣

Mittelzehrerbeet vom Vorjahr
↑
Schwachzehrer ♣

Beet/Jahr	Jahr 1	Jahr 2	Jahr 3
Beet 1	Tomaten ♣♣♣	Tomaten♣♣♣	Tomaten♣♣♣
Beet 2	Salat♣♣	Bohnen♣	Sellerie♣♣♣
Beet 3	Erbsen♣	Gurken♣♣♣	Fenchel♣♣
Beet 4	Grünkohl♣♣♣	Salat♣♣	Bohnen♣

Tab. 1: Bepflanzungsbeispiel Jahr 1 bis 3

Wie kann man den Boden verbessern?

Nicht in jedem Garten ruht gehaltvoller Mutterboden. Es gibt verschiedene Mittel, schwere oder ausgelaugte Böden aufzubessern. **Urgesteinsmehl** besteht aus zermahlenem Basaltgestein und ist ein wertvoller Bodenverbesserer. Dabei handelt es sich nicht um ein Düngemittel, sondern um wertvolle Spurenelemente und Mineralsubstanzen, die dem Erdreich durch häufige Ernten und Auswaschungen entzogen werden. Wasser kann besser gespeichert, schwere Böden gelockert und der Sauerstoffgehalt im Boden reguliert werden, um nur einige der Vorteile aufzuzählen. Es kann auch zum Schutz gegen Schädlinge (Blattläuse bei Artischocken) direkt auf die Blätter gegeben werden.
Im Herbst oder Frühjahr pro Beet (1 qm) 100 g Urgesteinsmehl ausbringen. Leicht einharken.
Auch **Kompost** dient dazu, den Boden aufzubessern. Wenn es an hauseigenem Nachschub mangelt, gibt es die Möglichkeit, die städtischen Kompostwerke aufzusuchen. Seien Sie kritisch und vertrauen Sie Ihrer Nase! Riecht der Kompost unangenehm, dann zeugt dies von schlechter Qualität und Ihre Pflänzchen werden verkümmern und eingehen.
In diesem Fall rate ich Ihnen zu **Blumenerde**, sie ist eine sehr gute und preiswerte Alternative. Kaufen Sie die preisgünstigste Sorte, die Sie dann selbst mit biologischem Dünger aufbereiten.

Das dritte Jahr

Alle Kulturen wandern noch einmal ein Beet weiter.

Das vierte Jahr

Jetzt stehen die Stark-, Mittel- und Schwachzehrer wieder in ihrem Starterbeet. Es empfiehlt sich, jetzt innerhalb der Kategorien abzuwechseln, d.h. wo vorher der Starkzehrer Kohl war, pflanzen Sie jetzt einen anderen Starkzehrer z.B. Gurken, etc. an. Gerade bei Kohl ist es sehr wichtig, so lange wie möglich nicht den gleichen Standort einzunehmen.

Vielleicht haben Sie ja Lust bekommen, Ihren Beetepark um ein paar neue Exemplare zu erweitern?

Beet/Jahr	Jahr 1	Jahr 4
Beet 1	Tomaten ♣♣♣	Tomaten ♣♣♣
Beet 2	Salat♣♣	Mangold♣♣
Beet 3	Erbsen♣	Rucola♣
Beet 4	Grünkohl♣♣♣	Gurken♣♣♣

Tab. 2: Bepflanzungsbeispiel Jahr 1 und 4

Nach wie vielen Jahren muss man die Erde austauschen?

Ich lese immer wieder, dass nach drei bis vier Jahren ein Hochbeet erneuert und die Erde ausgetauscht werden müsse. Ich habe nun seit acht Jahren meine Hochbeete und die letzte Ernte war noch genauso gut wie die erste. Durch das Zusammensacken der Schichten muss sowieso jedes Jahr neuer Kompost aufgefüllt werden, so dass bislang keine Notwendigkeit bestand, den Gesamtkomplex aufzulösen.

Da auch bei Flachbeeten die Erde nicht ausgetauscht wird, wage ich zu behaupten, dass dies auch bei Hochbeeten nicht erforderlich ist.

Die Erhöhung der Beete um ein bis zwei Bretter bzw. 15 – 30 cm hat sich in der Vergangenheit bestens bewährt. Dafür löse ich die Teichfolie von der Außenseite der obersten Latte und erhöhe die Konstruktion. Dann befestige ich die Teichfolie, die ich schon beim ersten Bau der Beete großzügig bemessen habe, wieder an der Außenseite und befülle das Beet mit neuem Mutterboden und gegebenenfalls Kompost. Nicht umgraben!

Kann man auch Kräuter in Hochbeeten ziehen?

Kräuter gedeihen ganz vorzüglich in Hochbeeten. Da sie kargen Boden bevorzugen, verzichten Sie auf die Düngung mit Kompost, der Mutterboden reicht vollkommen aus. Die einzige Ausnahme bildet Petersilie. Mehr dazu in Teil 3 des Buchs.

Was kann man gegen Schädlinge tun?

Schnecken

Auf diesem Gebiet habe ich eine sehr gute Nachricht für Sie: Ich habe so gut wie keine Probleme mit Schnecken.
In den ersten Jahren hatte ich zwischen den Beeten noch keinen Rindenmulch ausgelegt und hatte deshalb sehr viel Arbeit mit der Beseitigung von Unkraut. Es wucherte zwischen den Hochbeeten, wuchs in die Beete und bot Schnecken einen geeigneten Unterschlupf.
Nach drei Jahren habe ich dem Spuk ein Ende gesetzt. Ich habe in Teichfolie und Mulch investiert. Diesen habe ich mir in großen Säcken bringen und gleich an Ort und Stelle abstellen lassen. Mit Billigmulch aus dem Baumarkt habe ich sehr schlechte Erfahrungen gemacht habe, da er sich bereits nach einem Jahr zersetzt hatte. Deshalb habe ich mich an eine ortsansässige Firma ge-

wandt und dort den gröbsten Rindenmulch bestellt, den es gab. Achten Sie auf den Geruch! Guter, frischer Rindenmulch riecht nach Wald und ist trocken.

Bei der Suche nach Bezugsquellen geben Sie „Rindenmulch" und den Namen Ihrer Heimatstadt in www.google.de ein oder ziehen Sie die „Gelben Seiten" zurate.

Darunter habe ich Teichfolie gelegt. Sie verhindert das schnelle Zersetzen des Mulchmaterials und das Durchwachsen der Unkräuter. Ich habe die Teichfolie einfach über die Unkräuter gelegt, ohne diese zuvor auszustechen. Ich hätte auch mit Unkrautfolie arbeiten können, diese hätte den Vorteil gehabt, wasserdurchlässig zu sein, doch dafür hätte ich vorher die Unkräuter entfernen müssen. Ich bin den einfacheren Weg gegangen und habe in die Teichfolie mit einem Skistock Löcher gestochen, damit das Regenwasser ablaufen kann.

Dann habe ich so großzügig Mulch darauf verteilt, dass die Folie darunter nicht mehr zu sehen war. Manchmal bilden sich Pfützen und ich muss ein paar Abflusslöcher zusätzlich stechen.

Seitdem muss ich kein Unkraut mehr zwischen den Beeten jäten und ich habe keine Schnecken mehr.

Mein Gemüsegarten sieht immer ordentlich aus und ich kann die kostbare Gartenzeit für andere erbaulichere Arbeiten verwenden.

Da ich die Beete handbreit nebeneinander aufgestellt habe und dieser Zwischenraum nicht mit Teichfolie ausgelegt ist, ist dieser das einzige Refugium für Schnecken. Ich streue im zeitigen Frühjahr Ferromol® in die Zwischenräume und das Korn kommt mit meinem Grünzeug nicht in Berührung. Wenn Sie Ihre Beete nicht so dicht aufstellen und dazwischen Rindenmulch auslegen, können Sie sich das Schneckenkorn sparen.

Ich möchte an dieser Stelle mal eine Lanze für Ferromol® brechen: Wie schon der Name sagt, beinhalten die Körner Eisen, was den Schnecken nicht bekommt. Sie fühlen sich nach dem Verzehr des Korn schnell gesättigt und vergraben sich deshalb in der Erde, wo sie verenden. Das hat den Vorteil, dass sie keine schleimigen Todesspuren hinterlassen wie bei anderen Präparaten, die auf der Basis von Salz arbeiten und die Schnecken entwässern. Wenn Sie den Zwischenraum zwischen den Beeten ebenfalls sauber halten, dann werden sich die rotbraunen Weichtiere in anderen Gärten satt fressen.

Es macht sehr viel Spaß, durch die immer sauberen Hochbeetreihen zu schlendern und hier und da ein kleines Löwenzähnchen aus dem Salatbeet zu rupfen.

Zecken

Leider gibt es in unseren Breitengraden bereits Zecken in den Gärten, sogar in Stadtgärten wie meinem. Wenn ich sie nicht mit eigenen Augen gesehen und nicht zweimal an Borreliose erkrankt wäre, würde ich es heute noch für unmöglich halten.

Diese Gefahr hat mich ebenfalls dazu bewogen, mir einen unkraut- und hiermit zeckenfreien Arbeitsbereich rund um die Hochbeete zu schaffen, in dem ich getrost mit nackten Beinen arbeiten kann. Barfuss leider nicht, denn Mulch enthält kleine borstige Stacheln, die sich nicht nur in weiche Schneckenkörper, sondern auch in etwas festere Fußsohlen graben. Einmal ausprobiert, kann man nachvollziehen, wie gut diese Barriere gegen Schnecken wirkt. Schnecken mögen es nicht, über den ruppig stacheligen Untergrund des Mulchs oder die rauen Bretter des Holzgestells zu kriechen. Dennoch ist es kein hundertprozentiger Schutz, da Dauerregen den Untergrund gleitfähiger machen kann.

Deshalb sollte man auch bei unwirtlichem Wetter einmal täglich nach dem Rechten sehen, wie das Sprichwort besagt:

Ein Garten
will seinen Herrn einmal täglich sehen.

Abb. 21: Vorher - ohne Mulch

Abb. 22: Nachher - mit Mulch

Muss man die Beete umgraben?

Entfällt! Bei einem Hochbeet ist es wichtig, dass die entstandene Fauna der Schichtung nicht durcheinander gebracht wird. Es reicht, wenn Sie mit einer kleinen Harke die Erde etwas lockern, wenn diese durch Sonne oder Platzregen eine asphaltartige Konsistenz angenommen hat.

Muss man oft gießen?

Konstruktionsbedingt entsteht eine größere Angriffsfläche für Wind und Sonne, die das Erdreich austrocknen. Hochbeete erwärmen sich schneller, die Sonne kann die Seiten der Hochkonstruktion bescheinen und die schwarze Folie überträgt die Wärme an das dahinter liegende Erdreich. Sie müssen demnach häufiger gießen, als Sie es eventuell bei Flachbeeten gewohnt sind.

Der Vorteil beim Gießen der Kulturen im Hochbeet ist, dass auch bei sehr trockener und harter Erde das Wasser nicht seitlich wegfließen kann, sondern im abgesteckten Bereich bleibt, bis es versickert ist. Sie können Ihre Beete richtiggehend fluten, was ich nach heißen Tagen abends bei durstigen Pflanzen, wie z.B. Tomaten, ausgiebig mache.

An solchen Tagen gieße ich zweimal täglich, morgens und abends. Oft genügt es allerdings, einmal täglich zu wässern. Wenn Sie morgens gießen, sollten die Pflanzen Zeit haben, die Nässe aufzunehmen, bevor diese in der Sonne verdunstet. Wenn Sie also nicht zu den Frühaufstehern gehören, dann zelebrieren Sie die Wässerung in den dämmrigen Abendstunden.

Auch Gießen will gelernt sein. Oft vermittelt eine feuchte Oberfläche den Eindruck, das Beet wäre nun ausreichend gewässert. Machen Sie die Probe aufs Exempel und schieben Sie die Erde beiseite. Befindet sich darunter staubtrockene Erde, dann war es eindeutig zu wenig.

Für ein Beet mit Salat braucht man zehn Liter. Tomaten brauchen die doppelte Menge Wasser. Ich rechne mit fünf Liter pro Tomatenpflanze. Schließlich muss das Wasser bis zu den Wurzeln durchdringen können.

Ich verwende zum Gießen nur abgestandenes Wasser, das ich in zwei Tonnen sammle. Das Wasser ist abends dann wunderbar handwarm, was besonders Tomaten und Bohnen schätzen.

Tipp: Gießen Sie nicht über die Blätter der Pflanzen.

Braucht man eine Überdachung?

Tomaten gedeihen nur, wenn sie von oben kein Wasser abbekommen. Ich habe einen alten Gartenpavillon über vier meiner Hochbeete gestellt und diesen mit heller, halbtransparenter Baufolie bedeckt. (Fragen Sie im Baumarkt nach Baufolie, ich habe eine Odyssee hinter mir, bis ich eine geeignete Überdachung gefunden hatte. Sie muss hell, fest und entspre-Diese schützt die darunter liegenden Pflanzen vor Regen und hält sie etwas windgeschützter, als dies ohne Folie der Fall wäre. Je nach Bedarf kann ich die Seitenwände der Folie herablassen oder nach oben rollen. Die Folie habe ich mit starken Klammern am Gestell des Pavillons befestigt. Früher habe ich an heißen Tagen das Dach entfernt, dann aber festgestellt, dass das Kraut der Pflanzen schnell ermüdete. Die Folie bietet somit auch einen gewissen Schutz vor Austrocknung.

Ist es viel Arbeit, ein Hochbeet zu pflegen?

Sie brauchen wesentlich weniger Zeit, Ihr Gemüse während der Vegetationsperiode zu pflegen.

Der tägliche Zeitaufwand, um zwei bepflanzte Hochbeete in Schuss zu halten, beträgt ca. fünf Minuten. Mit berücksichtigt sind Gießen, Unkrautentfernen, evtl. Ausgeizen und Anbinden.

Unkraut können Sie leicht entfernen, indem Sie einmal wöchentlich die Handharke durch die Pflanzenreihen ziehen, am besten bei sonnigem Wetter. Die Wurzeln der Unkräuter lösen sich vom Erdreich und können auf dem Beet liegen bleiben, bis sie verdörrt sind.

Abb. 23: Tomatenhaus ohne Überdachung

Was geschieht mit einem Hochbeet im Winter?

In den kalten Monaten von November bis März können Sie die Beete sich selbst überlassen. Es sind keinerlei Maßnahmen zu ergreifen. Lediglich die Plastikfolie über den Tomaten sollte entfernt werden. Alle Beete sollten den Witterungseinflüssen ausgesetzt werden. Regen verdichtet das Erdreich, das bis zum nächsten Frühjahr etwas absacken wird. Frost macht die Erde feinkrümelig und tötet Schädlinge.

Kann ich ein Hochbeet auch auf dem Balkon anlegen?

Es gibt Konstruktionen, die eignen sich auch für die Kultur von Gemüsepflanzen auf Balkon und Terrasse. Meine Hochbeete sind dafür nicht geeignet, sie brauchen den Austausch mit dem Erdreich und sind auch optisch für Balkon und Terrasse keine Bereicherung. Ich habe neulich in der Zeitung ein Foto gesehen, auf dem ein Hochbeet in einem Einkaufswagen abgebildet war. Die gewiefte Künstlerin hat sich dafür einen Einkaufswagen „besorgt", diesen mit Folie ausgekleidet und den Inhalt dann wie ein klassisches Hochbeet aufgeschichtet. Darin wuchsen Salat, Radieschen und Auberginen. Der Vorteil dieser genialen Erfindung ist, dass Sie das mobile Hochbeet in die Sonne schieben können und wenn Sie unten noch eine Wanne aufstellen, in die das überschüssige Gießwasser laufen kann, wäre dies eine saubere und witzige Lösung für Balkon und Terrasse.

Die häufigsten Fehler

Kauf des falschen Komposters
Die Konstruktion muss stabil sein, deshalb nur Steckverbindungen wählen, die eine Aussparung von mindestens zwei Zentimeter aufweisen.

Schlechte Erde

Nur in lockerer, wohlriechender Erde kann Gemüse gedeihen. Weicht ihr Untergrund stark von diesen Vorgaben ab, verbessern Sie diesen mit den hier vorgeschlagenen Maßnahmen (Urgesteinsmehl, Kompost oder Blumenerde mit biologischem Dünger).

Keine Düngergabe

Geben Sie dem Gemüse das, was es braucht, dann gedeiht es auch. Ich habe immer wieder erlebt, dass Menschen sich gegen Düngemittel wehren. Fakt ist, von Erde und Wasser allein können die wenigsten Pflanzen leben. Stellen Sie sich vor wie es wäre, wenn Sie nur Wasser und Brot zu essen bekämen. Zudem sollte der Dünger der Pflanze schmecken und nicht dem Gärtner.

Standort zu schattig

Nur Morgen- oder Abendsonne reicht für einen erfolgreichen Gemüseanbau nicht aus. Da es sich hier um Hochleistungskultur handelt, beansprucht Ihr Beet den sonnenreichsten Platz in Ihrem Garten mit mindestens acht Sonnenstunden an einem wolkenlosen Sommertag.

Teichfolie auf dem Boden des Komposters

Das Beet muss nach unten hin offen sein, sonst kann das Wasser nicht abfließen. Es würde sich schnell ein stinkender Komposthaufen entwickeln, da sich auch keine Bodenorganismen entwickeln könnten.

Tomaten nicht überdacht

Tomaten bekommen die Blattfäule, wenn sie Nässe von oben bekommen.

Gemüse zu früh angepflanzt

Die Gartencenter bieten ihre vorgezogenen Pflänzchen oft schon Mitte April an. Nach den Eisheiligen, Mitte Mai, sind die Regale meist schon fast leer und die noch erhältliche Ware ist nicht mehr taufrisch. Erwerben Sie die Pflänzchen frühzeitig und gewöhnen Sie diese an das Freiland, indem Sie die Jungpflanzen in ihren Töpfen bei gutem Wetter in die Beete stellen und abends wieder rein holen. Erst wenn die Eisheiligen vorbei sind, dürfen sie (ohne Topf) eingepflanzt werden.

Beschädigen der Pflanze beim Ernten

Benutzen Sie beim Abschneiden der Früchte immer ein sauberes Messer, damit keine Krankheiten übertragen werden. Das gilt auch beim Kappen der Triebe und Entfernen der Geize.

Was sagen die Nachbarn?

Ihre Nachbarn werden argwöhnisch den Bau und die Bepflanzung beobachten. Der eine oder andere wird vielleicht sogar eine entsprechende Bemerkung fallen lassen. Bleiben Sie gelassen und stellen Sie sich vor, wie sich Ihre Schnecken nun woanders satt fressen! Verteidigen Sie sich nicht, sondern überzeugen Sie! Reichen Sie dem neugierigen Zaungast im August eine Ihrer Tomaten und versuchen Sie dabei Ihre Genugtuung zu unterdrücken!

Welches Gemüse bringt reichlich Ernte?

In Teil 3 werden diejenigen Gemüsesorten, die auf einem Quadratmeter eine reichhaltige Ernte hervorbringen, mit ☻ ☻ ☻ ☻ gekennzeichnet. Die Symbole bezeichnen ihre Rentabilität. Sorten, die mit nur einem ☻ ausgewiesen sind, eignen sich eher als Ergänzung eines bereits bestehenden Hochbeetparcours.

Die Beschäftigung mit Erde und Pflanzen kann der Seele eine ähnliche Entlastung und Ruhe geben wie die Meditation.

(Hermann Hesse)

Teil 3 – Gemüse und Rezepte

Abb. 24: Im Vordergrund Auberginen und Salat

Artischocken

Pflanz-zeit	Kate-gorie	Pflanzen pro Beet	Pflege	Kultur	Ernte	Rent.
V	♣♣♣	1	Winterschutz	mehr-jährig	IX-X V-VI	☺

Vor zwei Jahren habe ich das erste Mal diese Distelart in einem Hochbeet angepflanzt und mich im September und Oktober über meine ersten selbst angebauten Artischocken gefreut. Meines Erachtens ist die Pflanze zu groß und ausladend für ein Hochbeet.
Tipp: Setzen Sie die Artischocke lieber in Ihr Blumenbeet, sie passt wegen ihrer dekorativ gezackten, silbergrauen Blätter wunderbar in ein Staudenbeet, am besten an einem windgeschützten und sonnigen Ort.

Anordnung im Beet

In ein Hochbeet passt eine Artischockenpflanze. Sie kann einjährig angebaut werden oder mit entsprechendem Winterschutz bis zu vier Jahre im Beet verbleiben. Solange können Sie unter günstigen Umständen die Blütenknospen ernten.

Gießen

Da sich die Pflanze gut selbst beschattet, ist die Gefahr des Austrocknens nicht sehr hoch. Dennoch muss die Pflanze reichlich gegossen werden. Sie braucht viel Wasser.

Pflanzzeit

Sie können die Pflänzchen ab Mitte Mai ins Freiland setzen.

♣♣♣ = Starkzehrer, ♣♣ = Mittelzehrer, ♣ = Schwachzehrer

Pflege

Artischocken werden häufig von Blattläusen befallen. Die Blätter rollen sich dann ein und krümmen sich. Ich habe die Läuse regelmäßig mit einem starken Wasserstrahl entfernt.

Artischocken sind mehrjährig. Wenn man sie im Oktober zehn Zentimeter über dem Boden abschneidet und mit einer mindestens zehn Zentimeter dicken Schicht aus Laub, Humus oder Mist abdeckt, dann kann die Pflanze im nächsten Jahr wieder Früchte tragen. Im März/April wird der Winterschutz dann entfernt. In der Ruhephase überstehen Pflanzen Temperaturen von bis zu −10 °C.

Ernte

Artischocken bilden pro Stängel eine Endknospe aus. Je mehr Verzweigungen die Pflanze aufweist, umso mehr Blüten können Sie ernten. Artischocken werden in südlichen Ländern als Herbst- oder Winterpflanze angebaut, da sie am besten bei Tagestemperaturen um die 20°C und Nachttemperaturen um die 12 − 14 °C gedeihen. Ist es wärmer oder kälter, stellt die Pflanze ihr Wachstum ein. Unter günstigen Bedingungen kann man auch in Deutschland im September und Oktober die Früchte ernten. Ist dies nicht der Fall, dann trägt die Pflanze erst im Folgejahr im Mai/Juni die ersten Früchte. Die Früchte sollten geerntet werden, solange die Blütenblätter noch eng an der Pflanze anliegen.

Dünger

Artischocken haben lange Wurzeln und brauchen als Starkzehrer einen tiefgründigen, humosen Boden, reichlich Kompost und während der Vegetationsperiode ständige neue Düngergaben.

Verwendung in der Küche

Den Stiel samt den ersten kleinen Blättchen abschneiden. In einen Topf mit Wasser setzen, die Blüten sollten bis zu zwei Drittel mit Wasser bedeckt sein, das obere Drittel ist ungenießbar. Nach ca.

30 Minuten Kochzeit ist die Frucht essbar, d.h. wenn die untersten Blätter leicht herausgezogen werden können. Gegessen werden die fleischigen Teile der Blütenblätter. Bereiten Sie sich einen Dip aus Mayonnaise oder eine Vinaigrette, tunken Sie nun die Blätter hinein und ziehen Sie das untere Ende durch Ihre Zähne. Die äußeren Blätter schmecken leicht bitter und intensiv; die inneren werden immer zarter und weicher. Übrig bleibt der Artischockenboden. Auch davon ist nicht alles essbar. Der kleine Strunk enthält oben an seiner Spitze Haare, die entfernt werden müssen. Übrig bleibt der abgeflachte Boden, den Sie nun ebenfalls in den Dip tauchen können. Die Böden eignen sich auch für Pastasoßen, auf Pizza und in Öl eingelegt.

Auberginen

Pflanz-zeit	Kategorie	Pflanzen pro Beet	Pflege	Kultur	Ernte	Rent.
V	♣♣♣	4	anbinden	ganzjährig	VIII-XI	☺ ☺ ☺ ☺

Diese Pflanze eignet sich hervorragend für Hochbeete. Ob Auberginen überall im Freiland gedeihen oder nicht, hängt davon ab, wo Sie in Deutschland wohnen. Hier in Aschaffenburg, im bayrischen Nizza, mitten in der Stadt, gedeihen sie auch im Freiland. In raueren Gefilden sind sie besser überdacht zu halten. Einzig und allein im Jahr 2010, als es im Mai und Juni sehr kalt war, kümmerten die Pflänzchen vor sich hin und ich dachte schon, ich müsse sie entsorgen. Doch dann, als es schlagartig warm wurde, erholten sie sich quasi über Nacht und bildeten noch bis in den Spätherbst zahlreiche Früchte aus.

Anordnung im Beet

Sie können vier Pflänzchen in einem Hochbeet unterbringen. Diese sollten in einem Abstand von 50 - 60 cm gepflanzt werden. Die

Pflanze wird ca. 130 cm hoch und muss angebunden werden. Denken Sie gleich beim Pflanzen daran, einen Stab in der geeigneten Länge im Hochbeet zur verankern. Auberginen besetzen das Beet während der gesamten Vegetationsperiode.

Gießen

Auberginen brauchen viel Wasser. Ähnlich wie Gurken mögen sie keine Bewässerung von oben. Fluten Sie abends, besonders nach heißen Sommertagen, das Beet richtiggehend mit warmem Wasser.

Pflanzzeit

Nach den Eisheiligen, Mitte Mai, können Sie sie ins Freiland setzen.

Pflege

Ab Mitte August sollten die Blüten abgeknipst werden, da sich daraus keine Früchte mehr entwickeln können. Dürre gelbe Blätter regelmäßig entfernen.

Ernte

Im August können Sie die ersten Früchte ernten. Eine reife Frucht zeichnet sich durch eine glänzend schwarze Haut aus. Danach wird die Oberfläche matt und die Früchte schwammig. Die Früchte können bis zum Einsetzen des Frostes geerntet werden.

Dünger

Da es sich bei Auberginen um Starkzehrer handelt, braucht das Beet eine dicke Kompostschicht. Während der Vegetationsperiode muss die Pflanze noch ein- bis zweimal nachgedüngt werden.

Verwendung in der Küche

Gebraten, gegrillt, in Öl eingelegt, als Auflauf, in Pastasoßen

Pastasoße

Rezept für vier Personen
2 mittelgroße Auberginen (in daumendicken Würfeln)
4 große reife Tomaten (geschält in Würfeln)
2 Knoblauchzehen, gepresst, Olivenöl, Salz
Spaghetti, frisch geriebenen Parmesan
Das Wasser für die Nudeln aufsetzen. Die Auberginenwürfel in reichlich Olivenöl anbraten, bis sie gut gebräunt sind. Erst dann die Tomatenwürfel und den gepressten Knoblauch hinzugeben. Salzen. Ca. zehn Minuten köcheln lassen, bis die Soße sämig geworden ist.
Wenn die Nudeln al dente sind, abgießen, zur Soße geben und ein bis zwei Minuten nachziehen lassen. Dann servieren und mit Parmesan bestreuen.

Abb. 25: Auberginenernte

Buschbohnen

Aussaat	Kategorie	Pflanzen pro Beet	Pflege	Kultur	Ernte	Rent.
V-VII	♣	40	anhäufeln	Nachkultur VII: Grünkohl	VII-IX	☻ ☻ ☻ ☻

Buschbohnen müssen gesät werden. Sie sind unkompliziert und bieten eine schnelle und satte Ernte auf kleinem Raum. Deshalb gehören sie zu den Favoriten in meinem Hochbeetparcours.

Anordnung im Beet

In einem Hochbeet können Sie drei Reihen Bohnen pflanzen. Halten Sie vom Beetrand ca. 10 cm Abstand, dann haben die drei Bohnenreihen untereinander einen Abstand von 40 cm. Ziehen Sie eine Furche von 2 cm Tiefe und legen Sie die Kerne im Abstand von 6 – 8 cm hinein. Bedecken Sie die Kerne, so dass diese 2 cm unter der Erde liegen. Klopfen Sie mit der Handfläche sanft die Erde über den Reihen fest.
Buschbohnen besetzen das Beet für ca. zwei Monate.

Gießen

Die Pflanzen müssen stets feucht gehalten werden, sie lieben warmes Wasser.

Pflanzzeit

Buschbohnen sind sehr kälteempfindlich, deshalb nicht vor dem 10. Mai ins Freiland säen. Dort können Sie sie, je nach Witterung, in den ersten Wochen mit Plastikfolie abdecken.
Es ist von Vorteil, die Bohnenkerne vor dem Setzen in handwarmem Wasser 24 Stunden lang einzuweichen.
Wenn Sie mehrere Beete mit Buschbohnen bestellen wollen, tun Sie dies im Abstand von zwei Wochen. Die letzte Aussaat sollte Mitte Juli sein.

Tipp: Ziehen Sie die jungen Pflänzchen Ende April/Anfang Mai auf der Fensterbank vor, dann können Sie Mitte Mai bereits Pflänzchen in Ihr Hochbeet setzen.

Pflege

Hacken Sie vorsichtig zwischen den Reihen, um Unkraut zu unterdrücken und die Erde für die Aufnahme von Wasser vorzubereiten. Häufeln Sie die Erde um die Pflanzen herum an, das bietet ihnen einen festeren Halt. Seien Sie beim **Pflücken vorsichtig**, damit Sie die Triebe nicht abreißen, das würde dem Wachstum der Pflanze schaden. Buschbohnen werden häufig von Blattläusen befallen. Ich entferne diese mit dem starken Strahl aus dem Wasserschlauch. Die befallenen Stellen können auch mit Urgesteinsmehl bestäubt werden.

Ernte

Die meisten Sorten können mehrfach durchgepflückt werden. Ernten Sie die Bohnen, wenn sie noch jung sind. Erntezeit ist von Ende Juni bis Mitte September, jeweils ca. zwei Monate nach dem Aussäen. Wenn Sie das Beet bis Ende Juli abgeerntet haben, können Sie darauf einen Starkzehrer, wie z.B. Grünkohl pflanzen.

Dünger

Das es sich bei Buschbohnen um Schwachzehrer handelt, können Sie für deren Kultur ein Beet wählen, das nur mit einer dünnen Schicht Kompost bedeckt ist. Die Bohnen erzeugen mit ihren Wurzeln Stickstoff und geben diesen an die Erde ab. Deshalb brauchen sie keinen zusätzlichen Dünger. Lassen Sie aus diesem Grund die Wurzeln der abgeernteten Pflanzen im Boden.

Verwendung in der Küche

Gemüse, für pasta al pesto (Rezept s. Petersilie), gut zum Einfrieren geeignet.

Erbsen

Aus saat	Kategorie	Pflanzen pro Beet	Pflege	Kultur	Ernte	Rent.
III-IV	♣	60	Kletter-vorrichtung	Nachkultur VII: Grünkohl	VI-VII	☺ ☺ ☺

Erbsen müssen gesät werden.

Man unterscheidet zwischen drei Sorten: Schalenerbsen, Markerbsen und Zuckererbsen. Wenn Sie die Erbsen vor allem im getrockneten Zustand verwenden wollen, dann entscheiden Sie sich bei der Wahl der Samentüte für Schalenerbsen. Wenn Sie die Kerne lieber roh essen wollen, dann sind Markerbsen das richtige. Bei diesen beiden Sorten muss die Schale entfernt werden. Bei der Zuckererbse hingegen kann diese mitgegessen werden. Zuckererbsen müssen rechtzeitig geerntet werden, sonst wird die Schale zu faserig.

Anordnung im Beet

Ziehen Sie zwei 5 – 10 cm tiefe Furchen im Abstand von 40 cm und legen Sie alle 5 cm ein Erbsenkorn hinein. Wenn Sie die Körner über Nacht einweichen, kann dies die Keimung beschleunigen. Beachten Sie die Angaben auf der Samentüte. Bedecken Sie die Kerne und klopfen Sie leicht mit der Handfläche auf die verschlossenen Reihen.

Erbsen besetzen das Beet für ca. drei Monate.

Gießen

Wenn die Pflanzen Früchte ausbilden, muss die Erde regelmäßig feucht gehalten werden.

Pflanzzeit

Je nach Sorte kann man Erbsen im März und im April ins Freiland aussäen.

Nach der Kultur von Erbsen ist das Beet frei für eine weitere Bepflanzung. Das freie Beet können Sie dann mit einem zur Winterkultur geeigneten Starkzehrer bestücken, wie z.B. Grünkohl.

Pflege

Klemmen Sie eine Plastikfolie über das Beet. Darunter können sich die Pflänzchen besser entwickeln und sind vor den Vögeln geschützt. Wenn sie größer sind, können Sie die Folie entfernen und eine Klettervorrichtung anbringen. Das kann ein großer verzweigter Ast sein, ein paar Bambusstangen, die wie bei einem Tipi oben zusammengebunden werden, oder ein paar Tomatenspaliere. Erbsen wollen klettern, sonst verknoten sie sich untereinander, die Erträge sind geringer und die Früchte faulen.

Ernte

Die Ernte erfolgt von Juni bis Juli. Achten Sie darauf, dass Sie beim Pflücken nicht zu sehr an der Pflanze reißen! Danach wird die Pflanze aus dem Beet entfernt, die Wurzeln sollten im Beet bleiben, daran befinden sich Knöllchenbakterien, die den Boden mit Stickstoff versorgen.

Dünger

Da es sich bei Erbsen um Schwachzehrer handelt, reicht eine dünne Schicht Kompost aus, die vorzugsweise im Herbst aufgetragen wurde. Ansonsten reicht humoser Boden.

Verwendung in der Küche

Roh, in Salaten, als Suppe, Gemüse, in Lasagne, als Pastasoße, im Risotto (risi e bisi)

Erdbeeren

Pflanz-zeit	Kategorie	Pflanzen pro Beet	Pflege	Kultur	Ernte	Rent.
V	♣♣	12	im XI Blätter abschneiden	mehrjährig	VI-X	☺ ☺

Für die Hochbeetkultur eignen sich vor allem Monatserdbeeren, die auch Walderdbeeren genannt werden. Diese bilden keine Ausläufer, blühen und tragen den ganzen Sommer über Früchte und man kann sie bis in den Herbst hinein ernten. Die Früchte sind kleiner und aromatischer.

Anordnung im Beet

Da es sich dabei um eine Waldpflanze handelt, wächst die Monatserdbeere auch an einem leicht schattigen Standort. Es passen zwölf Pflanzen in ein Beet. Die Pflanzen können jahrelang am gleichen Standort bleiben, werden jedes Jahr größer und wachsen von der Mitte aus horstförmig.
Erdbeeren besetzen das Beet während der gesamten Vegetationsperiode.

Gießen

Die Erde sollte immer leicht feucht gehalten werden. Gegebenenfalls morgens und abends gießen. Die Wassergabe erfolgt direkt in den Wurzelbereich.

Pflanzzeit

Die im Handel erworbenen Pflanzen setzt man Mitte Mai ins Hochbeet. Die Herzknospe muss dabei über der Oberfläche bleiben. Kräftig angießen.

Pflege

Der Zwischenraum zwischen den Pflanzen sollte unkrautfrei und locker gehalten werden. Hacken Sie ab und zu vorsichtig zwischen den Reihen und halten Sie dabei die Blätter der Pflanzen nach oben zusammen. Im Herbst müssen die Blätter der Erdbeere abgeschnitten und vernichtet werden. Schneiden Sie sie unterhalb der Blätter ab, so dass nur noch die Stängel stehen bleiben.

Ernte

Bereits Mitte Juni können Sie die ersten Früchte ernten. Im zweiten Jahr wird die Pflanze größer, sie wächst von innen heraus und bildet noch mehr Triebe mit Früchten aus. Die süßen Beeren können bis in den Herbst hinein geerntet werden.

Dünger

Monatserdbeeren brauchen humosen Boden und im Herbst, nach der letzten Ernte, eine Handvoll Kompost pro Pflanze.

Verwendung in der Küche

Sie sind eher zum Naschen geeignet; für Kuchen und Marmeladen empfiehlt sich der Besuch einer Erdbeerplantage.

Insalata rossa da Bruno

Das ist das exotischste Rezept in meiner Sammlung. Ich habe damit schon viele Gäste überrascht, so dass diese noch Jahre später nach diesem „Salat" verlangten.

Rezept für vier Personen
500 g Erdbeeren
500 g Cocktailtomaten
1 kleine weiße Gemüsezwiebel (keine andere!)
1 rote Paprikaschote, Balsamico Essig, Salz, Pfeffer, Zucker

Erdbeeren und Tomaten putzen und halbieren. Weiße Gemüse-zwiebel in ganz feine Ringe schneiden, ebenso wie die gehäutete rote Paprikaschote.

Eine Vinaigrette aus Salz, Pfeffer, Zucker, Olivenöl und Aceto balsamico darüber geben und eine Stunde durchziehen lassen.

Nochmals abschmecken, gegebenenfalls nachsalzen und mit geröstetem Weißbrot servieren.

Fenchel

Pflanz-zeit	Kate-gorie	Pflanzen pro Beet	Pflege	Kultur	Ernte	Rent.
V	♣♣	8	anhäufeln	Nachkultur VII: Bohnen	VII	☺

Letztes Jahr habe ich das erste Mal Fenchel angebaut und mich bereits vor der Ernte über das wunderschön filigrane Kraut gefreut. Leider habe ich die Erntezeit verpasst und die Knollen zu lange stehen lassen, in der Hoffnung, sie würden noch größer werden. Sie sind in kurzer Zeit fast alle geschossen und waren steinhart und faserig und schlichtweg ungenießbar. Dennoch war ihr Aroma beim Zerschneiden der leider faserigen Knollen unbeschreibbar frisch und voller ätherischer Stoffe. Dieses Jahr möchte ich einen neuen Versuch starten.

Anordnung im Beet

Fenchel ist ein sehr ausladend wachsendes Gemüse. Setzen Sie aus diesem Grund nur zwei Reihen in das Hochbeet. Die beiden Reihen sollten einen Abstand von 40 cm haben.

In der Reihe beträgt der Abstand 25 cm.

Der Fenchel besetzt ein Hochbeet bis Mitte Juli. Die Ausbeute ist nicht sehr üppig, d.h. eine Knolle pro Pflanze.

Gießen

Fenchel braucht viel Wasser. Fluten Sie das Beet am Ende eines heißen Tages mit 20 Liter warmen Wassers.

Pflanzzeit

Ich habe die Pflänzchen im Gartencenter gekauft und Mitte Mai, nach den Eisheiligen, ins Freiland gesetzt.

Pflege

Da die Pflanzen sehr groß werden, unterdrücken sie größtenteils den Wuchs von Unkraut. Ab und zu ein wenig hacken und die Erde um die Knollen anhäufeln. Dann bleiben diese schön weiß.

Ernte

Ernten Sie Ihren Fenchel, sobald er mittelgroße Knollen aufweist. Wenn Sie das Beet bis Ende Juli abgeerntet haben, können Sie darauf Buschbohnen anpflanzen.

Dünger

Da es sich bei Fenchel um einen Mittelzehrer handelt, geben Sie dem Beet eine Schicht Kompost und während des Wachstums eine Düngergabe.

Verwendung in der Küche

Es gibt verschiedene Pastarezepte mit Fenchel, gekocht und dann in Öl gebraten, roh in Salaten.

Gebratener Fenchel mit Fenchelsalami

Rezept für vier Personen
2 Fenchelknollen
1 EL Grappa, 3 EL Aceto Balsamico,
10 EL Olivenöl, 12 Salbeiblättchen,

12 Scheiben Fenchelsalami, 20 grüne Oliven mit Stein

Das Fenchelgrün abschneiden und beiseite legen. Stiele abschneiden und in feine Scheiben schneiden.
Fenchelknolle der Länge nach in 5 mm dicke Scheiben schneiden
und in kochendem, leicht gesalzenem Wasser zehn Minuten vor-
garen. Abtropfen lassen und den Strunk entfernen.
Aceto balsamico und 4 EL Öl verrühren und für das Dressing beiseite stellen. In dem restlichen Öl den Fenchel von beiden Seiten
braten, bis dieser gut Farbe angenommen hat. Zum Schluss die
sechs Salbeiblättchen dazu geben. Mit dem Grappa ablöschen.
Fenchelscheiben, Salbei und Salami auf einer Platte anrichten, mit
der Vinaigrette beträufeln, mit dem Fenchelgrün und den fein geschnittenen Stielen dekorieren. Zum Schluss die Oliven darüber
geben.

Freilandgurken (Einlegegurken)

Pflanz-zeit	Kategorie	Pflanzen pro Beet	Pflege	Kultur	Ernte	Rent.
V	♣♣♣	2		ganzjährig	VI-X	☺ ☺ ☺

Diese Gurkensorte eignet sich nicht nur zum Einlegen in Essig,
sondern auch bestens als Salatgurke. Wenn Sie sie in Essiggur-
kengröße ernten, kann sie ihre großen Kerne nicht ausbilden und
schmeckt fast noch aromatischer als die unter Folie gehaltene Salatgurke.

Anordnung im Beet

Freilandgurken gedeihen im Gegensatz zur Salatgurke auch ohne
Überdachung.
In einem Hochbeet haben zwei Gurkenpflänzchen Platz. Pflanzen
Sie sie in großem Abstand, aber nicht direkt am Beetrand. Wählen
Sie dafür ein Beet am Ende einer Reihe, weil die Ableger der

Pflanze über das Beet steigen. Die Gurken besetzen das Beet während der gesamten Vegetationsperiode.

Gießen

Gurken brauchen viel Wasser. Man gießt sie am besten mit lauwarmem Wasser und achtet darauf, dass dabei kein Gießwasser auf die Blätter gelangt. Durch regelmäßiges Wässern kann auch verhindert werden, dass die Frucht bitter wird. Da die Blätter der Pflanze keine eigenständige Beschattung des Wurzelbereichs bieten können, kann die Verwendung von Mulchfolie oder Brennesselblätter das Austrocknen der Erde verhindern.

Pflanzzeit

Mitte Mai, nach den Eisheiligen, können Sie sie ins Freiland setzten. Gegebenenfalls spannen Sie eine Folie über das Beet, um die jungen Pflanzen vor nächtlichen Kälteeinbrüchen zu schützen.

Pflege

Lassen Sie die Ausläufer dahin krabbeln, wohin sie wollen. Durch ein Umlenken würden die aus den Blattverzweigungen wachsenden Ranken, mit deren Hilfe sich die Pflanze am Untergrund etc. festhält, abgerissen werden.

Ernte

Durch das Ernten von kleinen Früchten wird die Pflanze auch zu frühzeitigeren und höheren Erträgen angeregt. Sie können die ersten Früchte im Juni und die letzten im Oktober ernten. Schneiden Sie die Gurken mit einem **sauberen** Messer ab.

Dünger

Da es sich bei Gurken um Starkzehrer handelt, braucht das Beet eine dicke Kompostschicht. Während der Vegetationsperiode muss die Pflanze noch zweimal nachgedüngt werden. Verwenden

Sie dafür ein handelsübliches Produkt ihrer Wahl und richten Sie sich nach den Angaben auf der Verpackung.

Verwendung in der Küche

Die Schale ist sehr hart und muss entfernt werden, in Suppen, roh in Salaten.

Gurkensuppe

Wenn ein Exemplar mal zu groß geworden ist, ist es für den Rohverzehr nicht mehr besonders gut geeignet. Ich koche daraus eine überaus schmackhafte Suppe. Sie wird kalt gegessen und eignet sich deshalb als leichte, mineralstoffreiche Mahlzeit an heißen Sommertagen.
Rezept für vier Personen
600 g Gurken (geschält und in Stücke geschnitten)
240 g Kartoffeln (geschält und in Stücke geschnitten)
200 ml Sahne oder Frischkäse
Saft einer Zitrone, Salz

Kartoffel- und Gurkenwürfel in 600 ml gesalzenem Wasser bei starker Hitze zum Kochen bringen. Zudecken und bei schwacher Hitzezufuhr 20 Minuten kochen, bis das Gemüse gar ist. Mit dem Mixer pürieren, bis eine glatte Masse entstanden ist. Auskühlen lassen.
Vor dem Servieren Sahne bzw. Frischkäse und Zitronensaft untermischen und gegebenenfalls nachsalzen.

Salatgurken (Schlangengurken)

Pflanz-zeit	Kate-gorie	Pflanzen pro Beet	Pflege	Kultur	Ernte	Rent.
V	♣♣♣	2	Triebe kappen Überdachung Klettergerüst	ganzjährig	VI-X	☺ ☺ ☺

Ich habe mit Schlangengurken sehr gute Erfahrungen in Hochbeeten gemacht, wenn ich sie unter meinem Tomatenpavillon gehalten habe. Ich kaufe nur veredelte Sorten, da diese frei von Bitterstoffen sind und besser gedeihen.

Anordnung im Beet

Sowie die Blätter Feuchtigkeit von oben abbekommen, werden sie dürr und gehen kaputt, deshalb brauchen sie einen geschützten Platz unter Folie.
In einem Hochbeet haben zwei Gurkenpflänzchen Platz. Pflanzen Sie sie in großem Abstand, aber nicht direkt am Beetrand.
Sie besetzen das Beet während der gesamten Vegetationsperiode.

Gießen

Gurken brauchen viel Wasser. Man gießt sie am besten mit lauwarmem Wasser und achtet darauf, dass dabei kein Gießwasser auf die Blätter gelangt. Regelmäßige Wassergaben können auch verhindern, dass die Frucht bitter wird. Sie können das Beet richtiggehend mit warmem Wasser fluten.

Pflanzzeit

Mitte Mai, nach den Eisheiligen können Sie die Pflänzchen ins Beet setzen.

Pflege

Häufeln Sie junge Pflanzen an, um ihr Wachstum anzuregen!
Salatgurken brauchen ein Klettergerüst. Ich habe an den Querstäben am Dach des Pavillons dicke Schnüre befestigt, an denen ich die Pflanze hochranken lasse. Salatgurken müssen zurück geschnitten bzw. gekappt werden. Ich schneide den Haupttrieb ab, sowie er das Dach des Pavillons erreicht hat. Das regt die Ausbildung von Seitentrieben an. Diese schneide ich nach dem ersten oder zweiten Blatt ebenfalls ab.
Wenn Sie den Boden des Gurkenbeets mit Mulchfolie bedecken, kann die Erde nicht so schnell austrocknen.
Wichtig: Versuchen Sie die Ausläufer in ihrem Kletterwuchs so wenig wie möglich umzulenken. Die Pflanzen wachsen zum Licht. Jedes Umlenken kostet die Pflanze unnötig Kraft, die „verkehrte" Richtung wieder kontrollieren zu müssen.

Ernte

Lassen Sie die Gurken nicht zu dick werden. Lang und schlank schmecken sie am besten. Sie können die ersten Früchte im Juni und die letzten im Oktober ernten.

Dünger

Da es sich bei Gurken um Starkzehrer handelt, braucht das Beet eine dicke Kompostschicht. Während der Vegetationsperiode muss die Pflanze noch zweimal nachgedüngt werden. Verwenden Sie dafür ein handelsübliches Produkt Ihrer Wahl und richten Sie sich nach den Angaben auf der Verpackung.

Verwendung in der Küche

Sie können sie mit der Schale essen, in Suppen, roh in Salaten.

Zaziki

Rezept für vier Personen
2 Becher griechischer Joghurt (10 %)
2 EL Olivenöl, heller Essig,
5 dicke Knoblauchzehen, Salz
Salatgurke ca. 300 g

Den Joghurt in eine Schüssel geben und leicht salzen, Knoblauch pressen und dazugeben. Das Ganze in den Kühlschrank stellen.
Die Gurken, nachdem die Kerne entfernt wurden, grob raspeln. In eine Schüssel geben, reichlich Salz darüber geben und abgedeckt mindestens eine Stunde ziehen lassen. Ab und zu durchschütteln. Dann Gurkenmasse ausdrücken und zum Joghurt geben, Öl und Essig dazugeben und abschmecken. Evtl. nachsalzen.

Grünkohl

Pflanz-zeit	Kate-gorie	Pflanzen pro Beet	Pflege	Kultur	Ernte	Rent.
VI-VII	♣♣♣	4	Triebe kappen Blätter kontrol-lieren	Vorkultur III: Erbsen V: Bohnen	XI-XII	☻ ☻ ☻

Der pflegeleichte Grünkohl ist, dank seiner Frosthärte, wunderbar dafür geeignet, die Versorgung mit Gartengemüse bis in die Wintermonate zu garantieren.

Anordnung im Beet

In ein Beet passen vier Grünkohlpflanzen. Grünkohl verträgt eine leicht schattige Lage.

Gießen

In den Sommermonaten ist häufiges Gießen angesagt. Falls er ausgesät wurde, die Samen immer feucht halten.

Pflanzzeit

Wenn Ihr Gartencenter Pflänzchen im Sortiment hat, dann können Sie Grünkohl als zweite Garnitur bis Ende Juli ins Hochbeet setzen, z.B. als Nachkultur von Erbsen oder Bohnen (nicht nach Kohlrabi).

Ansonsten können Sie diese Pflanze entsprechend der Angaben auf der Samentüte auch Mitte Mai bis Juni direkt ins Hochbeet aussäen.

Pflanzen bzw. säen Sie Grünkohl nicht zu früh, da er sonst zu viele Blätter entwickelt, die nicht frostbeständig sind.

Pflege

Im Herbst leicht anhäufeln. Die Blätter auf Schädlinge untersuchen, gegebenenfalls mit Urgesteinsmehl bestäuben.

Ernte

Der Geschmack von Grünkohl ist intensiver, wenn dieser ein paar kalte Nächte hinter sich hat. Sein volles Aroma entwickelt sich erst, wenn durch die tiefen Temperaturen der Zuckergehalt gestiegen ist. Dabei ist die Kälte und nicht der Frost zuständig. Ernten Sie ihn blattweise von oben nach unten, indem Sie die jungen, leicht überhängenden krausen Blätter abpflücken, oder Sie schneiden die Pflanze über dem Boden ab. Gelbe und übergroße Blätter sind nicht zum Verzehr geeignet. Wenn der Grünkohl beginnt zu blühen, wird er samt Wurzeln auf den Komposthaufen geworfen.

Düngen

Geben Sie, wenn zeitlich möglich, im Frühjahr auf das Beet 100 g Kalk. Grünkohl liebt kalkhaltige Böden. Ansonsten braucht der Starkzehrer Grünkohl eine dicke Kompostschicht beim Pflanzen und danach alle sechs Wochen 70 g Hornspäne pro Beet. Nicht tiefer als 10 cm einhacken.

Verwendung in der Küche

Grünkohl enthält sehr viel Vitamin C, das auch bei Lagerung und Zubereitung erhalten bleibt.

Lauwarmer Grünkohlsalat

Rezept für vier Personen
500 g geputzter Grünkohl
100 g Speckwürfel
1 Gemüsezwiebel, gehackt,
100 g Walnusskerne, ohne Öl geröstet,
100 g getrocknete Tomaten, mit der Schere in Streifen geschnitten
Kräftige Vinaigrette aus Aceto balsamico, Öl (evtl. auch das der getrockneten Tomaten), Zucker, Salz und mittelscharfen Senf.

Die Grünkohlblätter in mundgerechte Stücke zupfen und 15 Minuten blanchieren, in einem Sieb abtropfen lassen und in eine Schüssel geben.
In einer Pfanne nacheinander Walnusskerne, Speck und Zwiebeln anbraten und über den Grünkohl geben. Zum Schluss die getrockneten Tomaten hinzufügen. Mit der kräftigen Vinaigrette übergießen und ca. 30 Minuten zugedeckt an einem warmen Ort durchziehen lassen.

Die Walnüsse können durch Pinien- oder Sonnenblumenkerne ersetzt werden.

Knollensellerie

Pflanz-zeit	Kategorie	Pflanzen pro Beet	Pflege	Nachkul-tur	Ernte	Rent.
V	♣♣♣	6	-	ganzjährig	IX-XI	☻ ☻

Abb. 26: Selleriepflanzen

Anordnung im Beet

Die Selleriepflänzchen möglichst hoch einsetzen, damit sie schöne Knollen ausbilden können. Mit einem Abstand von 15 cm vom Rand, können Sie zwei Reihen und in jeder Reihe drei Pflanzen anbauen. Knollensellerie besetzt das Beet während der gesamten Vegetationsperiode.

Gießen

Die Knollenbildung erfordert regelmäßiges Gießen. Größere Pflanzen beschatten das Erdreich, so dass die Feuchtigkeit gut gehalten werden kann.

Pflanzzeit

Die jungen Selleriepflänzchen sind frostempfindlich. Erst nach den Eisheiligen ins Freiland geben.

Pflege

Sellerie mag lockeren Boden. Lockern Sie die Erde regelmäßig mit einer kleinen Handharke. Dabei werden auch eventuelle Unkräuter entfernt.

Ernte

Sie können bereits im September die Knollen ernten, wenn Sie sie z.B. roh verzehren wollen. Die kleinen Knollen sind noch zarter und aromatischer im Geschmack. Die letzten Knollen können bis November im Beet bleiben, sie sind bedingt frostresistent. Entfernen Sie die Blätter der Pflanze erst kurz vor dem Verzehr. Ernten Sie mit System, so dass die restlichen Pflanzen im Beet mehr Licht bekommen.

Dünger

Da es sich bei Sellerie um einen Starkzehrer handelt, braucht das Beet eine dicke Kompostschicht. Während der Vegetationsperiode muss die Pflanze noch einmal nachgedüngt werden. Verwenden Sie dafür ein handelsübliches Produkt Ihrer Wahl und richten Sie sich nach den Angaben auf der Verpackung.

Verwendung in der Küche

In Suppen, paniert wie ein Schnitzel, roh geraspelt.

Sellerie-Gratin

Rezept für vier Personen
500 g Sellerie geputzt, in feine Scheiben geschnitten, evtl. halbiert
bzw. geviertelt
30 g Butter, 1 TL Honig, 1 Knoblauchzehe, 1 EL Zitronenschale
1 Stange Lauch, in feine Ringe geschnitten
100 g geriebenen Parmesan, 3 Eigelb, 200 ml Sahne
1 EL Sesam, Salz

Selleriescheiben und Lauch in Butter andünsten, einen TL Honig
und drei EL Wasser hinzugeben und drei bis fünf Minuten dünsten.
Das Ganze in eine gefettete Auflaufform geben. Das Eigelb mit
Sahne und Parmesan verquirlen, mit Salz abschmecken und über
das Gemüse geben. Zum Schluss die Sesamkörner darüber
streuen. In Backofen bei 200 °C auf der 2. Einschubleiste von unten 20 – 25 Minuten backen.

Kohlrabi

Pflanz-zeit	Kate-gorie	Pflanzen pro Beet	Pflege	Kultur	Ernte	Rent.
IV - VIII	♣♣	12	Blätter kontrollie-ren	Nachkultur VII: Bohnen	VI-X	☻ ☻

Kohlrabi ist unkompliziert, wächst schnell und kann bereits vor den
Eisheiligen ins Freiland gesetzt werden. Sie können nach acht
Wochen die Knollen ernten und ihn den ganzen Sommer über anpflanzen. Wichtig ist, dass Sie dabei das Beet wechseln.
Es gibt inzwischen frosttolerante Kulturen, die in geschützten La-
gen auch im Winter geerntet werden können. Die grüne Sorte
wächst etwas schneller als die blaue, die blauen Knollen verholzen dafür nicht so schnell.

Anordnung im Beet

Sie können ihr Beet mit drei Reihen Kohlrabi zu je vier Pflänzchen bestücken. Kohlrabi besetzt das Beet für ca. zwei Monate.

Gießen

Wenn die Pflanze ihre Knollen ausbildet, sollte man auf regelmäßiges Gießen achten.

Pflanzzeit

Sie können die ersten Pflänzchen Mitte April in die Beete setzen. Wenn das Beet Mitte Juni abgeerntet ist, pflanzen Sie darauf einen Schwachzehrer, z.B. Bohnen.

Pflege

Inspizieren Sie die Blattunterseiten und entfernen Sie eventuelle Raupen.

Ernte

Ernten Sie die Knollen, solange sie noch zart und nicht größer als zehn Zentimeter im Durchmesser sind. Verbleiben die Früchte zu lange im Beet, werden sie holzig oder platzen auf.

Dünger

Im Gegensatz zu den anderen Kohlsorten reicht für den Kohlrabi die Gabe einer dicken Kompostschicht aus. Es ist kein zusätzlicher Dünger erforderlich.

Verwendung in der Küche

Roh, als Gemüse, in Suppen.

Kohlrabi-Carpaccio

Vor allem beim Rohverzehr unterscheidet sich selbst angebauter Kohlrabi um Längen von Supermarktgemüse.

Rezept für vier Personen
4 Kohlrabi, in feine Scheiben geschnitten
2 EL glatte Petersilie, gehackt
200 ml Dressing aus Essig, Öl, Zucker, Kümmel, Sahnemeerret-tich, Pfeffer
Kohlrabi schälen und auf der Brotschneidemaschine so dünn wie möglich schneiden, auf einer Platte dachziegelartig auslegen, das Dressing darüber geben und mit der gehackten Petersilie bestreuen.
Mindestens eine Stunde durchziehen lassen.

Mangold

Pflanz-zeit	Kategorie	Pflanzen pro Beet	Pflege	Kultur	Ernte	Rent.
IV - VI	♣♣	6 / 12	Winterschutz	mehrjährig	VI-XI	☺ ☺ ☺

Ich verwende am liebsten Stielmangold, bei dem man auch die Stiele mitessen kann. Ich erfreue mich an den roten, gelben und weißen Stielen, die in den verschiedenen Gerichten sehr dekorativ aussehen. Mangold ist sehr ertragreich und kann monatelang kontinuierlich geerntet werden.

Anordnung im Beet

Wenn Sie immer nur die äußeren Blätter zum Verzehr entfernen, anstatt die ganze Pflanze zu ernten, können Sie die Pflänzchen enger setzen. In dem Fall können Sie getrost drei Reihen und in jeder Reihe vier Pflanzen setzen. Wollen Sie die Pflanze ausreifen lassen und sie am Ende ihrer Wachstumsperiode ernten, passen nur sechs Pflanzen in das Beet. Mangold besetzt das Beet während der gesamten Vegetationsperiode.

Gießen

Die Pflanzen beschatten gut die Pflanzerde, dennoch muss auf regelmäßige Feuchtigkeit geachtet werden.

Pflanzzeit

Sie können Mangold bereits Ende April ins Freiland setzen, nach zwei Monaten können die ersten Blätter geerntet werden. Auch ist er als Folgekultur nach Kohlrabi geeignet. Sie können die Pflänzchen bis Ende Juni setzen. In beiden Fällen können Sie kontinuierlich bis über den ersten Frost hinweg ernten.

Pflege

Achten Sie darauf, dass die Pflanzen, die zum kontinuierlichen Ernten enger gesetzt wurden, auch regelmäßig abgeerntet werden. Sonst besteht die Gefahr, dass sich auf den Blättern Mehltau bildet.

Ernte

Ernten Sie regelmäßig die äußeren gut entwickelten Stiele der Pflanze. Verwenden Sie die Stiele ebenfalls in der Küche. Schneiden Sie sie kurz über dem Boden ab und lassen Sie das Herz der Pflanze stehen. Diese kann in milden Wintern sogar überleben, dann erübrigt sich eine Neupflanzung im Folgejahr.

Dünger

Bei Mangold handelt es sich um einen Mittelzehrer, der mit einer ausreichenden Kompostgabe zufrieden ist. Da es sich um Blattgemüse handelt, freut er sich auch über die Gabe von Hornspänen.

Verwendung in der Küche

Wie Spinat, als Omelett, als Gemüse, in Suppen.

Mangold Risotto

Rezept für vier Personen
500 g Stielmangold gewaschen und klein gezupft, die Stiele auf-
heben
2 kleine Zwiebeln,
3 EL Öl, 150 ml Weißwein, 1 Liter heiße Brühe, Olivenöl
260 – 280 g Rundkornreis
4 EL frisch geriebenen Parmesan

Für Risotto keine beschichteten Pfannen verwenden, sondern einen normalen Topf.
Die Stiele des Mangolds zusammen mit den Zwiebeln klein
schneiden und zehn Minuten im heißen Fett dünsten. Dann den
Reis dazugeben und ein bis zwei Minuten braten und kräftig
umrühren. Mit Wein ablöschen. Die Mangoldblätter nach und nach
in den Topf geben, stetig umrühren. Immer, wenn der Reis am
Topfboden ansetzen möchte, mit etwas Brühe auffüllen.
Kontinuierliches Rühren ist erforderlich, um die Stärke aus dem
Reis zu lösen. So lange nachgießen und rühren, bis der Reis gar
ist. Den Topf vom Herd ziehen und den Käse unterrühren.

Möhren, gelbe Rüben, Karotten

Aus-saat	Kategorie	Pflanzen pro Beet	Pflege	Kultur	Ernte	Rent.
III-VI	♣♣	60	pikieren	Nachkultur VII: Bohnen	VII-X	☻ ☻

Möhren müssen ausgesät werden und erfordern dadurch einiges an Pflege, aber der Geschmack und die knackige Konsistenz von jungen Möhren entschädigen dafür den Mehraufwand.

Anordnung im Beet

In einem Hochbeet können fünf Reihen Möhren gezogen werden. Der Abstand zwischen den Karotten sollte 5 – 8 cm betragen. Sie besetzen das Beet für ca. vier Monate.

Gießen

Die Erde muss besonders am Anfang immer feucht gehalten werden, damit gut entwickelte Früchte wachsen können.

Pflanzzeit

Möhren können von März bis Juni ausgesät werden. Die Samen brauchen ca. drei Wochen, bevor sie keimen. Deshalb ist es angebracht, eine Markiersaat mit einigen Radieschen zu setzen, damit man weiß, wo die Reihen verlaufen.
Tipp: Säen Sie die Möhren auf Blumenerde, um einen unkrautfreien Untergrund zu haben.
In der Regel kann im März mit der Aussaat von frühen Sorten und im April mit der von späten Sorten begonnen werden. Richten Sie sich nach den Angaben auf der Samentüte, da es viele verschiedene Sorten gibt.

Pflege

Möhren brauchen eine humose Erdschicht von 15 – 20 cm, da sie ein große Verwurzelungstiefe aufweisen. Nach dem ersten Keimen müssen die Jungpflanzen gelichtet werden, so dass nur noch alle 5- 8 cm ein Pflänzchen steht. Sitzen zwei zu eng zusammen, kann sich der Fruchtkörper nicht entwickeln und es können nur „fadenscheinige" Möhren entstehen.

Ernte

Frühe Sorten sind bereits im Juli ausgebildet und sollten als kleine Früchte geerntet und vorzugsweise roh verzehrt werden. Späte Sorten können so lange wie möglich im Beet gehalten und dort nach Bedarf bis Oktober geerntet werden. In einem kalten Keller kann man sie wochenlang aufbewahren. Auf das freie Beet im Juli können Sie einen Schwachzehrer, wie z.B. Bohnen anpflanzen.

Dünger

Möhren sind Mittelzehrer und brauchen ein Beet mit einer daumendicken Kompostschicht. Sie mögen keinen frischen Tiermist, die Maden würden die Früchte anfressen.

Verwendung in der Küche

Roh in Salaten, jung in der Pfanne gebraten, gepresst als Saft, gedünstet als Gemüse, in Suppen, zum Naschen zwischendurch.
Tipp: Zusammen mit Öl bzw. Fett konsumieren, damit das darin enthaltene Vitamin A und Beta Carotin vom Körper verwertet werden kann.

Möhrensuppe

Rezept für vier Personen
1 kg Möhren, 1 Zwiebel, 2 cm frischen Ingwer
½ Dose Kokosmilch, Saft einer Orange, Brühe,

Ingwerpulver, Chili, Kreuzkümmel

½ Schale Champignons, Tofu

Den frischen Ingwer schälen und in der Moulinette kleinhäckseln. Zusammen mit der in kleinen Würfeln geschnittenen Zwiebel im Öl dünsten. Karotten klein schneiden und kurz mitdünsten, dann mit Brühe aufgießen. So lange köcheln lassen, bis das Gemüse weich ist. Pürieren. Mit einer halben Dose Kokosmilch wieder zum Kochen bringen, die Gewürze hinzugeben und einige Minuten köcheln lassen. Mit Orangensaft abschmecken.

Die Champignons säubern und in nicht zu dünne Scheiben schneiden. Den Tofu würfeln und zusammen mit den Pilzen bei großer Hitze in einer separaten Pfanne in Öl anbraten, bis die Tofuwürfel leicht Farbe angenommen haben.

Nach dem Servieren über die Suppe geben.

Paprika

Pflanz-zeit	Kate-gorie	Pflanzen pro Beet	Pflege	Kultur	Ernte	Rent.
V	♣♣♣	9	anbinden abknipsen	ganzjährig	IX-XI	☻

Paprika ist sehr kälteempfindlich. Liegen die Temperaturen während der Blütezeit unter 19°C, werden keine Früchte ausgebildet.

Das Wichtigste beim Anbau von Paprika ist, dass die Königsblüte ausgebrochen wird, da sonst die Pflanze nur eine einzige Frucht entwickelt. Um die Pflanze zum Verzweigen anzuregen, muss deshalb der am Haupttrieb in der Mitte der Verästelung sitzende Blütenstand abgeknipst werden.

Anordnung im Beet

In ein Hochbeet passen neun Paprikapflanzen. Sie brauchen viel Sonne und ein warmes Erdreich, was durch die Hochkonstruktion gegeben ist. Paprika besetzt das Beet während der gesamten Vegetationsperiode.

Gießen

Da Paprikapflänzchen nur einen kleinen Wurzelstock aufweisen, müssen sie vor allem nach der Blüte regelmäßig direkt in den Wurzelbereich gegossen werden. Wird dies versäumt, verliert der Stock Blätter und die kleinen Früchte fallen ab. Eine Mulchfolie, mit der Sie das Erdreich im Beet abdecken, ist hilfreich. Dafür eignen sich auch Brennnesselblätter.

Pflanzzeit

Setzen Sie die Pflänzchen erst ab Mitte Mai in die Beete. Wenn die Temperaturen unter 5 °C fallen, geht die Pflanze ein.

Pflege

Paprikapflanzen brauchen eine Stütze, an die sie angebunden werden. Dafür genügt ein Bambusstab von einem Meter Länge.
Nach dem Ausbrechen der Königsblüte bilden sich Seitentriebe. Wird die erste Frucht einer Pflanze entfernt, regt dies das Wachstum weiterer Früchte an. Nicht mehr als drei Triebe stehen lassen.

Ernte

Ab September können die ersten Schoten geerntet werden. Die Früchte aller Sorten sind anfangs grün, erst später färben sie sich gelb und rot und erst dann nehmen sie das unverwechselbar intensive Aroma an, das sie von Supermarktpflanzen unterscheidet. Lassen Sie sie bis zum vollständigen Ausreifen an der Pflanze hängen, auch wenn dies zu geringeren Ernteerträgen führt. Schneiden Sie die Früchte mit der Schere ab, um die Pflanze nicht zu beschädigen. Vor dem ersten Frost die letzten Schoten abnehmen und im Haus weiterreifen lassen.

Dünger

Paprika braucht eine dicke Kompostschicht. Nach der Blüte sind weitere Düngergaben erforderlich. Halten Sie sich an die Angaben auf der Verpackung Ihres Biodüngers. Bei Überdüngung färben sich die Enden schwarz.

Verwendung in der Küche

Es gibt vielfältige Verwendungsmöglichkeiten: roh, gekocht, gegrillt, eingelegt, etc.

Bobbia (sizilianische Spezialität)

Rezept für sechs Personen
500 g große reife Fleischtomaten
500 g Paprikaschoten
500 g Zwiebeln
500 g Kartoffeln
Salz, 1/8 l Olivenöl

Zwiebeln und Kartoffeln schälen, dann das ganze Gemüse halbieren, die Paprikaschoten von den Kernen und weißen Anteilen befreien und alles tropfnass in einen großen Topf geben. Nur mit Salz würzen. Öl dazugeben (kein Wasser!). Bei milder Hitze 45 Minuten garen und nur ab und zu vorsichtig umrühren.
Wird kalt oder lauwarm als Vorspeise mit Weißbrot gegessen.

Radicchio

Pflanz-zeit	Kategorie	Pflanzen pro Beet	Pflege	Kultur	Ernte	Rent.
VII-VIII	♣♣	9	im Spätherbst abdecken	Vorkultur III: Erbsen V: Bohnen	X - XI	☻ ☻ ☻

Es gibt verschiedene Sorten, dunkelrote und hellgrüne Züchtungen, und welche mit runden und hochovalen zylindrischen Köpfen. Nicht alle in Italien erhältliche Samen gedeihen auch nördlich der Alpen. Eine robuste Sorte ist der Radicchio rosso di Chioggia, der von Züchtern an die deutschen Klimaverhältnisse angepasst wurde. Dabei handelt es sich um eine robuste Pflanze, deren Aufzucht mit wenig Aufwand betrieben werden kann.

Anordnung im Beet

In ein Hochbeet passen neun Radicchiopflanzen. Sie besetzen das Beet ab Juli/August.

Gießen

Im Sommer muss auf regelmäßige Wassergaben geachtet werden. Gießen Sie nicht über den Kopf (Fäulnisgefahr) der Pflanze, sondern fluten Sie das Beet mit warmem Wasser.

Pflanzzeit

Im Juli/August können die Pflanzen gesetzt werden. Radicchio eignet sich als Nachkultur von Bohnen und Erbsen. Die Pflanzen sind anfangs grün und nehmen erst nach und nach einen dunkelroten Farbton an, der sich bis ins Herz der Pflanze zieht.

Pflege

Eine Abdeckung mit Plastikfolie bei nasskaltem Herbstwetter schützt die roten Köpfe vor Fäulnis.

Ernte

Im Oktober kann geerntet werden. Die Pflanzen können leichten Frost ertragen und bis November im Beet stehen bleiben.

Dünger

Eine mitteldicke Schicht Kompost reicht aus.

Verwendung in der Küche

Roh in Salaten, gedämpft, wie Blattspinat zubereitet, als Risotto.

Risotto mit Radicchio

Rezept für vier Personen
1 kleiner bis mittelgroßer Radicchiokopf
Olivenöl, 40 g Butter, 1 l heiße Brühe,
260 – 280 g Rundkornreis
1 EL gehackte Petersilie, Salz, 4 EL geriebener Parmesan
Den Radicchio in grobe Streifen schneiden und waschen.
Olivenöl im Topf (ohne Beschichtung) erhitzen, den Reis hinein geben und unter stetem Rühren zwei Minuten anbraten. Mit ½ l Brühe ablöschen und wieder zum Kochen bringen. Dann nach und nach die Radicchioblätter hinzugeben. Ständig rühren, wenn der Reis anfängt anzusetzen, etwas Brühe hinzufügen. Solange rühren und nachgießen, bis der Reis gar ist. Die Farbe des Risottos variiert von einem blassen Rosa bis Lila.
Wenn der Reis gar ist, das Kochgeschirr vom Herd ziehen, Butter, Petersilie und Parmesan unterrühren. Umrühren bis sich die Butter aufgelöst hat. Sofort servieren.

Tipp: Radicchio wird „radickio" ausgesprochen.

Radieschen

Aus-saat	Kategorie	Pflanzen pro Beet	Pflege	Nachkultur	Ernte	Rent.
III - IX	♣	180	pikieren	Zwischenkultur	IV - X	☺ ☺ ☺

Es gibt zwei verschiedene Sorten von Radieschen, die frühen Sorten, die im Frühjahr und im Herbst ausgesät werden und die Sommerradieschen, die für die Kultur in den Sommermonaten geeignet sind.

Anordnung im Beet

Wenn Sie dieser Pflanze ein ganzes Beet zur Verfügung stellen wollen, dann ziehen Sie einen Zentimeter tiefe Furchen im Abstand von 7 – 10 cm und legen alle 5 – 7 cm ein Samenkorn hinein. Achten Sie auf die Angaben auf der Samentüte. Decken Sie die Furche mit nicht mehr als einem Zentimeter Erde ab. Steckt der Samen zu tief, gibt es lange Radieschen, sitzen die Samen zu eng, gibt es rote Fäden. Ein Hochbeet ergibt ca. 180 Knollen.

Tipp:

Sie können Radieschen auch zu etlichen anderen Pflanzen mit ins Beet setzen. Gute Nachbarn sind: Bohnen, Erbsen, Kohl, Salat, Mangold, Möhren und Tomaten. Wenn Sie sie im Abstand von ein bis zwei Wochen säen, dann haben Sie monatelang einige Exemplare, um Ihren Salat zu bereichern. Nur Gurken mögen die Nachbarschaft dieser roten Speicherknolle nicht.

Gießen

Der Boden muss immer feucht gehalten werden.

Pflanzzeit

Bei einer Bodentemperatur von ab 3 °C und höher können Radieschen ausgesät werden. Dies ist bereits im März der Fall, so dass Sie die ersten Knollen Ende April ernten können. Wenn Sie von März bis September kontinuierlich säen, können Sie von April bis November die roten Knollen ernten. Radieschen haben eine kurze Vegetationsperiode von 6 – 8 Wochen und beanspruchen den Boden kaum, deshalb können Sie in diesem Fall die Fruchtfolge außer Acht lassen.

Pflege

Decken Sie die Beete im März und April mit Folie ab.

Ernte

Warten Sie nicht zu lange mit der Ernte der roten Knollen. Ernten Sie sie, wenn sie einen Durchmesser von einem Zentimeter aufweisen und lichten Sie somit die Reihen. Dadurch können sich die anderen Pflanzen noch besser entwickeln. Wenn sie zu lange im Beet bleiben, verholzen sie und platzen auf.

Dünger

Verwenden Sie keinen frischen Tierdünger. Radieschen geben sich mit dem Boden ihrer Gastgeber zufrieden, ansonsten gedeihen sie auch sehr gut in Blumenerde oder einer dünnen Schicht Kompost.

Verwendung in der Küche

Roh, in Salaten, mit Salz.
Das Kraut der Radieschen kann wie Blattspinat zubereitet werden.

Rettich

Aus-saat	Kategorie	Pflanzen pro Beet	Pflege	Kultur	Ernte	Rent.
III - IX	♣♣	20	pikieren	Zwischenkultur	V - XI	☻ ☻

Für Rettiche gelten weitgehend die Hinweise wie für Radieschen. Es gibt weiße, rote und schwarze Sorten, sowie Winterrettiche.

Anordnung im Beet

Rettiche brauchen einen lockeren, tiefgründigen Boden. Wenn Sie dieser Pflanze ein ganzes Beet zur Verfügung stellen wollen, dann ziehen Sie 2 - 3 cm tiefe Furchen im Abstand von 25 - 30 cm und legen alle 15 – 20 cm ein Samenkorn hinein. Achten Sie auf die Angaben auf der Samentüte. Verschließen Sie die Samenrillen und klopfen Sie leicht mit der flachen Hand auf die Erde.

Tipp:

Sie können Rettiche auch zu etlichen anderen Pflanzen mit ins Beet setzen. Gute Nachbarn sind: Bohnen, Erbsen, Kohl, Salat, Mangold, Möhren und Tomaten. Wenn Sie sie im Abstand von ein bis zwei Wochen säen, dann haben Sie monatelang einige Exemplare, um Ihren Salat zu bereichern. Nur Gurken mögen die Nachbarschaft von Rettichen nicht.

Gießen

Der Boden muss immer feucht gehalten werden. Das ist eine wichtige Voraussetzung für den erfolgreichen Rettichanbau.

Pflanzzeit

Bei einer Bodentemperatur ab 3 °C können Rettiche ausgesät werden. Dies ist bereits im März/April der Fall. Wenn Sie von März bis September kontinuierlich säen, können Sie von April bis November die scharfen Wurzeln ernten.

Pflege

Decken Sie die Beete im März und April mit Folie ab. Dies bietet einen gewissen Dämmschutz gegen kalte Nächte.

Ernte

Nach acht Wochen können Sie in der Regel die ersten Exemplare ernten. Gehen Sie dabei jedoch mit System vor, so dass Sie gleichzeitig die Reihen lichten. Dadurch können sich die anderen Pflanzen noch besser entwickeln. Wenn sie jedoch zu lange im Beet bleiben, verholzen sie und platzen auf.

Dünger

Verwenden Sie keinen frischen Tierdünger, die Maden würden die Knollen anfressen. Eine dicke Schicht Kompost ist wichtig. Ansonsten gibt sich der Rettich mit den Düngergaben der Nachbarpflanze zufrieden.

Verwendung in der Küche

Roh, in Salaten, mit Salz aufs Butterbrot.

Salat

Pflanz-zeit	Kategorie	Pflanzen pro Beet	Pflege	Kultur	Ernte	Rent.
IV - VII	♣♣	20 - 25	abzupfen	Vorkultur III: Erbsen V: Bohnen	V - XI	☺☺ ☺☺

An dieser Stelle möchte ich Ihnen meine bewährte Methode vor-stellen, wie ein Hochbeet ein bis zwei Personen täglich für wenig Geld vom Frühsommer bis zum Spätherbst mit frischem Salat ver-sorgen kann (für ca. 10 Euro, wenn Sie die Pflänzchen kaufen, für 3,18 Euro, wenn Sie die Pflänzchen selbst ziehen).

Der Trick ist, Sie warten nicht darauf, bis der Salat kopft, sondern pflücken jeden Tag die äußeren Blättchen ab und lassen die inne-re Blattrosette stehen. Schon sieben bis zehn Tage nach dem Pflanzen der Setzlinge können Sie die ersten zarten Blättchen ern-ten.

Die ergiebigste Pflücksalatsorte ist Lollo bianco. Sein roter Bruder ist nur halb so ergiebig, schmeckt allerdings fast noch besser. Ebenfalls für die Pflückmethode bestens geeignet sind Romanosa-lat, Eichblatt- und Eisbergsalat. Endivien und Frisée können nicht nach der Pflückmethode geerntet werden, da ihre äußeren Blätter ungenießbar sind.

Nicht zu verwechseln sind diese Salate mit den **Schnittsalaten**, die in Reihen gesät und dann abgeschnitten werden. Damit habe ich früher experimentiert, als ich meine Gartenträume noch auf sechs Quadratmetern Studentenbalkon auslebte.

Ich finde die Abzupfmethode insofern besser, als dass die Blätt-chen fester, adriger und knackiger sind, der Schnittsalat hingegen sehr schnell und leicht zusammenfällt.

Abb. 27: Abgezupfter Romanoalat

Abb. 28: Lollo bianco und rosso, daneben Artischocken

Salat in Eigenanzucht

Wenn Sie Salat selbst ziehen, dann achten Sie unbedingt auf die verschiedenen Sorten für Frühjahr- und Sommeranbau.

Eine Verwechslung würde dazu führen, dass der Salat zu schnell schosst bzw. in die Höhe wächst.

Es gibt inzwischen Samen zu kaufen, die verschiedene Salatsorten speziell als Pflücksalat ausweisen. Die meisten von ihnen können von April bis August ins Freiland gesät werden. Beachten Sie die Angaben auf der Samentüte!

Alternativ dazu gibt es Pflücksalate auch als Samenband, fünf Meter, 200 Pflanzen zu 2,59 Euro, das drei Salatsorten beinhaltet (Stand 2011). Dieses kann von März bis August ins Freiland gesetzt werden.

Entscheiden Sie selbst, welche Anbaumethode für Sie die beste ist.

Ziehen Sie die zweite Generation rechtzeitig vor (nach den Angaben auf der Samentüte), so dass ihr täglicher Salatgenuss bis Mitte November garantiert ist. Das Ende der Salatbar ist dann der Frost. Endivien und Frisée sind härter im Nehmen und überstehen ein paar kalte Spätherbstnächte, gerne auch unter einer Folie geschützt.

Anordnung im Beet

In ein Beet passen 20 - 30 Salatpflanzen, wenn Sie sie nach der Pflückmethode ernten. Sie dürfen nicht zu tief in die Erde gesetzt werden, auch wenn sie anfangs etwas wackelig stehen.

Gießen

Die Samen müssen immer feucht gehalten werden.
Die Pflänzchen gieße ich direkt in den Wurzelbereich und halte die Erde immer feucht. Kopfduschen sind zu vermeiden.

Pflanzzeit

Ich kaufe meine Salatpflänzchen auf dem Wochenmarkt oder im Gartencenter, wo ich stets die neuesten z.B. lausresistenten Sorten wähle.

Ich setze die Pflanzen Mitte/Ende April ins Freiland und schütze sie mit einer Folie, die ich über das Beet spanne. Im Gartencenter gibt es diese grünliche Folie mit Löchern als Meterware zu kaufen. Ich habe sie auf Maß geschnitten und befestige sie mit Wäscheklammern auf dem obersten Brett. Nun sind sie vor den hungrigen Vögeln geschützt, die in dieser Zeit auf alles fliegen, was saftig grün aussieht. Ich lasse die Folie über den Pflanzen, bis ich das Gefühl habe, dass es darunter zu heiß wird. Das Beet wird durch das Plastik nicht hermetisch abgedichtet, dennoch bietet die Überdachung einen gewissen Schutz gegen die Kälte.

Im Juli beginnen die Salate zu schossen, ausgelöst durch die sommerliche Tageslänge von mehr als zwölf Stunden. Dabei werden sie bitter und ungenießbar. Nun ist es an der Zeit, an die zweite Garnitur zu denken. Die können Sie nun z.B. auf einem abgeernteten Bohnen- oder Erbsenbeet ziehen.

Auf dem Wochenmarkt gibt es oft bis Mitte August Salatpflänzchen zu kaufen. Für die Herbsternte eignen sich vor allem Sorten wie Endivien, Frisée, Radicchio, aber auch die Sommersorten gedeihen noch prächtig.

Pflege

Außer Schnecken und hungrigen Vögeln hat Salat noch weitere Feinde. Es sind die in der Erde verborgenen **Engerlinge,** aus denen sich nach drei bis vier Jahren Maikäfer entwickeln. Die Weibchen legen im Mai/Juni ihre Eier, aus denen sich die Larven entwickeln. Sie sind schmutzig weiß und fressen am liebsten Wurzeln, vor allem die von Salatpflanzen. Wenn Sie also ein Salatpflänzchen entdecken, das von heute auf morgen total verwelkt ist, dann greifen Sie zur Handschaufel und graben Sie großzügig um die

Pflanze und ihre nicht mehr vorhandenen Wurzeln die Erde um, so lange, bis Sie den hellen Engerling finden. Wenn Sie ihn nicht finden, geht nach kurzer Zeit das Spiel mit einer der benachbarten Pflanzen weiter. Die einzigen Maßnahmen gegen diese Schädlinge sind häufiges Hacken und das Abdecken der Beete während der Paarungszeit der Maikäfer.

Ernte

Ich kaufe pro Beet 20 - 30 Pflänzchen und setze sie relativ eng zusammen. Schon nach ein bis zwei Wochen können Sie das erste Grün auf den Tisch bringen, gegebenenfalls ergänzt durch ein paar zarte Blättchen Rucola.

Ernten Sie den Salat so kurz wie möglich vor dem Verzehr. An sehr heißen Tagen jedoch ist der Salat mittags oft schlaff und müde im Beet, so dass es besser ist, ihn bereits morgens zu ernten, ihn kurz kalt abzubrausen und dann vor dem Essen nochmals gründlich zu säubern. Dabei nie lange im Wasser liegen lassen, sonst schwimmen die Vitamine im Spülbecken und der Salat auf Ihrem Teller hat den Nährwert eines Papiertaschentuchs.

Dünger

Salat kommt mit einer daumendicken Schicht Kompost aus. Zusätzliches Düngen ist, wenn überhaupt, nur vor dem Aussäen oder Setzen der Jungpflanzen erforderlich.

Verwendung in der Küche

Täglich, Ernte kurz vor dem Verzehr, roh.

Wintersalate - Endivien und Frisée

Aus-saat	Kategorie	Pflanzen pro Beet	Pflege	Kultur	Ernte	Rent.
VII - IX	♣♣	9	zusammen-binden	Vorkultur III: Erbsen V: Bohnen	IX - XI	☺ ☺ ☺

Diese beiden Salate eignen sich nicht für die Pflückmethode, da ihre äußeren Blätter zu hart und deshalb ungenießbar sind. Dafür bieten sie den Vorteil, die Salatversorgung bis in den späten Herbst und sogar über die ersten Frostnächte hinweg zu garantieren.

Anordnung im Beet

In ein Beet passen neun Köpfe der beiden verwandten Sorten.
Sie besetzen das Beet ab Mitte Juli.

Gießen

Vor allem in den Sommermonaten muss auf regelmäßige Wassergaben geachtet werden.

Pflanzzeit

Wenn man die Salate erst ab Mitte Juli setzt, verringert sich die Gefahr zunehmend, dass der Salat schosst. Die Pflänzchen können auf die abgeernteten Bohnen und Erbsenbeete gesetzt werden.

Pflege

Man kann die äußeren Endivienblätter mit einem Gummiband zusammenbinden, damit das Innere des Salates besonders hell und zart wird.

Ernte

Die ersten Exemplare können im September geerntet werden. Der Salat übersteht allerdings auch einige Frostnächte und kann solange im Beet bleiben.

Düngen

Eine mitteldicke Kompostschicht reicht aus.

Verwendung in der Küche

Täglich, Ernte kurz vor dem Verzehr, roh.

Staudensellerie

Aus- saat	Kate- gorie	Pflanzen pro Beet	Pflege	Kultur	Ernte	Rent.
V	♣♣♣	9	anhäufeln, umwickeln	ganzjährig	VIII - XI	☺ ☺

Es gibt zwei Sorten, den Bleichsellerie mit hellen bis hellgrünen Stängeln und den Staudensellerie mit grünen Stängeln. Geschmacklich gibt es fast keinen Unterschied, wobei der weiße etwas zarter in der Konsistenz ist.

Anordnung im Beet

Es passen neun Pflänzchen in ein Beet, die es während der gesamten Vegetationsperiode besetzen.

Gießen

Solange die Pflänzchen klein sind, müssen sie regelmäßig mit warmem Wasser gegossen werden. Später beschatten sich die Beete durch das üppige Blattgrün selbst, so dass die Gefahr des Austrocknens nicht mehr besteht.

Pflanzzeit

Sellerie ist kälteempfindlich; erst Mitte Mai, nach den Eisheiligen ins Freiland setzen.

Pflege

Bleichsellerie muss entweder angehäufelt werden, damit er hell bleibt, oder alternativ dazu mit einer dunklen Folie umwickelt werden. Dazu eignet sich besonders gut Unkrautvlies, das ich mit Gummi um die Pflanze befestige.

Ernte

Ab August können die ersten Pflanzen geerntet werden. Ernten Sie mit System, so dass die im Beet verbleibenden Pflanzen mehr „Luft" bekommen. Diese können bis zum ersten Frost im Freiland bleiben.

Dünger

Da Sellerie sehr starke Wurzeln hat, braucht er tiefgründigen Boden, der mit einer dicken Schicht Kompost angereichert ist. Während der Vegetationsperiode muss er noch zweimal nachgedüngt werden.

Verwendung in der Küche

Roh mit Frischkäse, in Salaten, gekocht in Pastasoßen, Bestandteil des „soffritto".

Soffritto

„Soffritto" ist kein Gericht, sondern ein Gemisch aus Zwiebeln, Kräutern und Speck und bildet die Basis für Nudelsoßen, Suppen und Eintöpfe. Soffritto lässt sich leicht einfrieren und peppt Tomatensoßen, Lasagne, Hähnchen (als Füllung), etc. auf und bildet den Grundstock für die Bolognese Soße.

Karotten, Bleichsellerie und Zwiebeln zu gleichen Teilen in gleich große Würfel schneiden. Nach und nach in Olivenöl anbraten, nicht zusammen in die Pfanne geben, sonst wird es zu wässrig. Mit Salz, Pfeffer und Zucker würzen.

Luftgetrockneten Speck in Würfel schneiden und anbraten. Mit Zimt, Muskat und Chili würzen, dann kurz den in Scheiben geschnittenen Knoblauch dazu geben. Dieser darf auf keinen Fall braun werden. Das Gemüse darüber geben.

Mit Brühe und nach Belieben mit Wein, Marsala, Sherry oder dergleichen ablöschen.

Nicht zu lange kochen, das Gemüse sollte bissfest bleiben.

Ich koche immer gleich eine große Menge davon und friere es portionsweise ein.

Tomaten

Pflanz-zeit	Kategorie	Pflanzen pro Bee	Pflege	Kultur	Ernte	Rent.
V	♣♣♣	4	anbinden ausgeizen überdachen	ganzjährig	XII-X	☻ ☻ ☻ ☻

Mit Tomaten habe ich in meinen Hochbeeten die größten Erfolge erzielt. Für die Aufzucht verwende ich nur vorgezogene Pflänzchen aus dem Gartencenter. Dort kaufe ich die besten und meist auch teuersten Sorten, von denen die meisten veredelt sind. Ochsenherztomaten gehören zu meinen Favoriten. Die ganze Arbeit soll sich ja auch rentieren.

Anordnung im Beet

In ein Hochbeet passen vier Tomatenstöcke.

Ich pflanze sie seit acht Jahren im selben Hochbeet und habe noch keinerlei Einbußen festgestellt. Vor dem Einpflanzen stelle ich die neu erworbenen Pflänzchen ohne Plastikübertopf in einen Untersetzer mit handwarmem Wasser und pflanze sie erst ein, nachdem sie sich voll gesogen haben. Beim Einpflanzen entferne ich die untersten Blätter der Pflanze und setze sie so tief in die Erde, dass sich an diesen Stellen neue Wurzeln bilden können, die das reichlich benötigte Wasser aufnehmen können. Der humose Boden sollte mindestens 50 cm tief sein. Tomaten besetzen das Beet während der gesamten Vegetationsperiode.

Gießen

Tomaten haben nur einen kleinen Wurzelstock und müssen deshalb regelmäßig und reichlich gegossen werden. Eingerollte Blätter weisen nicht auf eine Krankheit, sondern auf einen kurzzeitigen Wassermangel oder eine Überdüngung hin, aufgeplatzte Früchte sind ein Zeichen von Wassermangel.

Ich gieße die Pflanzen nicht, ich flute sie. In einem Hochbeet ist dies möglich, da das Wasser nicht seitlich weglaufen kann. An heißen Sommertagen verwöhne ich die Pflanzen abends mit zwei großen Gießkannen warmen Wassers (2 x 10 Liter), dabei lasse ich das Wasser von allen Seiten langsam ins Beet laufen. Die Ecken der Beete müssen dafür gut mit Erde gefüllt sein. Gerade bei Tomaten ist es sehr wichtig, abgestandenes warmes Wasser zu verwenden, deshalb nie mit dem Schlauch wässern.

Gegebenenfalls gieße ich die Pflanzen morgens noch einmal, damit die Erde nicht austrocknet und sich von den Rändern des Hochbeets löst und Zwischenräume bildet, an denen das Wasser weglaufen kann. Beim Gießen achte ich darauf, dass die Blätter nicht nass werden. Spritzwasser muss vermieden werden, denn die Erreger der Braun- oder Blattfäule können sich nur im Wasser vermehren.

Pflanzzeit

Die Pflänzchen nicht vor Mitte Mai in die Hochbeete setzen. Sie sind sehr kälteempfindlich und auch die Folie hält die Kälte in den Nächten der Eisheiligen nicht ab.

Pflege

Tomaten benötigen eine Überdachung, sonst erkranken sie früher oder später an der Braun- oder Blattfäule. Ich habe schon wunderschöne hoffnungsvolle, dick mit grünen Früchten behangene Stöcke über Nacht schwarz werden sehen und mein Herz hat geblutet.

Fast hätte mir dieser Misserfolg die Lust am Gärtnern genommen, bis ich auf die Idee mit dem Gartenpavillon kam. Siehe auch „Braucht man eine Überdachung?"

Tomaten bringen die höchsten Erträge, wenn sie einstielig gehalten werden, d.h. man muss regelmäßig die kleinen Triebe (Geize), die aus den Blattachseln (zwischen Blatt und Stamm) wachsen, entfernen, am besten, solange diese noch klein sind. Sonst würde die Pflanze sehr viel Blattgrün produzieren und wenig Früchte. Am besten ist eine tägliche Kontrolle. Die abgeschnittenen Geiztriebe lege ich auf das Beet; Tomaten sind diesbezüglich „Kannibalen".

Tomaten müssen angebunden werden. Stecken Sie gleich beim Pflanzen einen der handelsüblichen Spiralstäbe mit ins Beet und leiten Sie die Pflanze in ihrem Wuchs innerhalb der Windungen.

Ich befestige am Ende der Stäbe eine dicke Schnur, die ich am Pavillondach befestige. Die Tomaten werden immer höher als der höchste Spiralstab und ich kann sie entlang der Schnur zum Dach führen.

Mitte/Ende August schneide ich den Haupttrieb ab und lasse die Früchte reifen, bis der erste Frost droht. Dann entferne ich auch die grünen Tomaten.

Wächst der Haupttrieb höher als das Pavillondach, spanne ich neue Fäden und lenke ihn um. Obwohl dann der Lichteinfall nicht mehr so ausgeprägt ist wie zuvor, scheint dies die Pflanzen in ihrem Wachstum nicht zu beeinträchtigen.

Tipp: Falls Tomatenkulturen zuvor an Blattfäule erkrankt waren, nicht dieselben Holzstäbe verwenden. Metallstäbe desinfizieren.

Sollten Sie trotz aller Vorsichtsmaßnahmen feststellen, dass sich der Stamm schwarz verfärbt, dann können Sie die anderen Pflanzen vor Ansteckung retten, wenn Sie die infizierte Pflanze mit Stumpf und Stiel rausreißen und in der Tonne entsorgen. Die Früchte dieser Pflanze tragen auch bereits den Pilz der Blattfäule in sich und müssen ebenfalls weggeworfen werden.

Ernte

Die ersten Tomaten werden Ende Juli reif. Ich lasse sie komplett am Stamm ausreifen, um in den Genuss des bestmöglichen Aromas zu kommen. Vor dem Frost die letzten Tomaten abnehmen. Aus den grasgrünen kann man Marmeladen oder Chutneys machen, die bereits leicht verfärbten kann man im Haus nachreifen lassen. Es können auch ganze Fruchtstände drinnen aufgehängt werden. Im Haus nachgereifte Früchte sind nicht mehr so aromatisch, eignen sich allerdings noch hervorragend für Soßen und Suppen.

Dünger

Tomaten sind Starkzehrer und brauchen eine dicke Kompostschicht. Danach muss man sie mit einem handelsüblichen Dünger zwei bis drei Mal nachdüngen.

Verwendung in der Küche

Roh in Salaten, in Soßen, in Suppen.
Grüne Tomaten: Marmelade, Chutneys, in Essig eingelegt.

Chutney aus grünen Tomaten

Dieses Chutney schmeckt unglaublich lecker und ist vielfältig in der Küche einsetzbar.

1500 g grüne Tomaten, 500 g Zwiebel gewürfelt, 2 EL Salz
100 g getrocknete Datteln gehackt,
100 g getrocknete Feigen gehackt
375 l Essig, 400 g Zucker
1 EL Curry, 1 TL Cayennepfeffer, 1 TL Kurkuma,
1 TL Ingwerpulver, 1 EL Stärkemehl

Tomaten würfeln (Cocktailtomaten halbieren) und dabei die Samen entfernen. Zusammen mit den Zwiebeln in eine große Schüssel geben. Mit Salz bestreuen und über Nacht abgedeckt stehen lassen. Am nächsten Tag die Masse ausdrücken und mit den gehackten Datteln und Feigen, dem Essig und Zucker aufkochen lassen. Dann 45 Minuten bei leichter Hitze köcheln lassen. Stärkemehl mit etwas Wasser glatt rühren und mit den restlichen Gewürzen die letzten Minuten mitköcheln lassen.
In der Zwischenzeit die Schraubgläser bereitstellen. Mit heißem Wasser sterilisieren, dabei auch die Deckel nicht vergessen.
Das Chutney noch heiß in die ebenfalls heißen Twist off Gläser füllen. Sofort schließen und kopfüber auf einem dicken Handtuch langsam auskühlen lassen. Dabei mit einem zweiten Handtuch zudecken.
Passt zu Fisch, gegrilltem und gebratenem Fleisch, Reisgerichten und eignet sich bestens zum Aufpeppen von Suppen (z.B. Linsen-, Karotten- und Kürbissuppen).

Abb. 29: Tomatenrispen　　　　　　　　**Abb. 30: Cocktailtomaten**

Kräuter

Aus den nun folgenden drei Kräutern können Sie hervorragend Pesto machen. Ich ziehe sie aus diesem Grunde in Hochbeeten, um ihre Kultur besser kontrollieren und schützen zu können.

Basilikum

Aus-saat	Kategorie	Pflanzen pro Beet	Pflege	Kultur	Ernte	Rent.
V	♣	-	Blüten ent-fernen	ganzjährig	VI-X	😊 😊

Anordnung im Beet

Dieses mediterrane Gewächs ist etwas zimperlich. Es braucht eine Überdachung, denn es mag kein Wasser von oben, keine direkte Sonne und keinen Dünger. Ich habe verschiedene Standorte ausprobiert und schon viel Basilikum beerdigt. Zudem ist es das Lieblingsfutter der Schnecken. Ich musste mir sagen lassen, dass die Pflänzchen, die es im Supermarkt zu kaufen gibt, sich nicht für die Aufzucht eignen, sondern bestenfalls zum Abzupfen. Es sei denn, man teilt die Supermarktpflanze in vier Teile und pflanzt sie mit etwas Abstand in ein überdachtes Hochbeet. Ich habe mir noch mehrere vorgezogene Sorten in einem Gartencenter gekauft und hatte das erste Mal genügend würzige Blätter, um davon mein eigenes Pesto herzustellen (Rezept siehe Petersilie).

Gießen

Basilikum darf nicht austrocknen. Es kann richtiggehend geflutet werden.

Pflanzzeit

Basilikum ist sehr kälteempfindlich. Erst Mitte Mai, nach den Eisheiligen, ins Freiland pflanzen bzw. säen.

Pflege

Die Blüten abschneiden, sonst entzieht die Pflanze den Blättern ihre Kraft.

Ernte

Auch Basilikum ernten mag gelernt sein. Da die neuen Triebe aus den Blattachseln wachsen, sollte mindestens ein Blattpaar stehen bleiben und der zu erntende Stängel einige Zentimeter darüber abgeschnitten werden. Damit wird das Wachstum der Pflanze angeregt, die dadurch immer buschiger wird. Vermeiden Sie es, einzelne Blättchen anzuzupfen.

Dünger

Basilikum verträgt keine Düngergaben.

Verwendung in der Küche

Roh in Salaten, zu Tomaten und Mozzarella, in Pastasoßen, als Pesto (zu Spaghetti, Kartoffeln, grünen Bohnen, in Suppen).

Basilikumkäse

Rezept für vier Personen
2 Handvoll frisches Basilikum
75 g Pinienkerne, 1/8 l Schlagsahne
200 g milder Schafskäse, 150 g weiche Butter
25 g frisch geriebener Parmesan
50 g Pinienkerne rösten, die restlichen Kerne, Schafskäse, Butter, Parmesan und Sahne mit dem Stabmixer pürieren. Erst zum Schluss das Basilikum hinzugeben. Nicht zu fein pürieren. Form aus Glas oder Metall kalt ausspülen und die Käsecreme hinein geben und glatt streichen. Drei bis vier Stunden im Kühlschrank lassen, dann auf eine Platte stürzen. Mit den restlichen Pinienkernen bestreuen.

Pesto alla genovese

In Genua wird das Rezept mit Kartoffen und grünen Bohnen zubereitet.

Rezept für vier Personen

360 g Linguine, 200 g Kartoffeln (in Würfeln)

200 g grüne Bohnen, 4 EL Pesto

Nudeln, Kartoffeln und Bohnen müssen zeitgleich gar werden.
Entweder in verschiedenen Töpfen kochen, oder Kartoffeln und
Bohnen im Aufsatz über dem Nudelwasser garen.

Dann alles abgießen, das Pesto auf den Boden des heißen, leeren
Nudeltopfes geben, die abgetropften Nudeln, Bohnen und Kartoffeln darüber geben und kräftig durchschütteln.

Petersilie

Aus-saat	Kategorie	Pflanzen pro Beet	Pflege	Kultur	Ernte	Rent.
III-VII	♣	-	-	zweijährig	V-XI	😊 😊 😊

Diesem Kraut habe ich ein eignes Beet gewidmet. Ich bevorzuge
die glatte Petersilie. Zum täglichen Gebrauch ist ein Beet Petersilie meist zu viel, deshalb schneide ich es regelmäßig großzügig
zurück und mache daraus Pesto. Wie bei Rucola- und Basilikum-
pesto kann damit der frische herzhafte Geschmack bestens kon-
serviert werden.

Anordnung im Beet

Petersilie bevorzugt einen leicht schattigen Standort. In einem
Hochbeet kann man fünf Reihen aussäen.

Gießen

Petersilie braucht stets einen feuchten Boden, um gut gedeihen zu
können.

Pflanzzeit

Petersilie kann von Mitte März bis Juli direkt ins Beet gesät werden. Den Samen mit Erde bedecken, denn Petersilie sind Dunkelkeimer. Der Samen keimt sehr langsam, Sie können deshalb Radieschen als Markiersaat verwenden. Im nächsten Jahr kommt die Petersilie von selbst wieder und bildet lange kräftige Stängel.

Pflege

Nach zwei Jahren vor dem Frost das Kraut samt Wurzeln aus dem Beet entfernen. Das Kraut abzupfen und in der Küche zu Pesto weiterverarbeiten. Nicht in das Beet des Vorjahres säen!

Ernte

Stets die kräftigsten Stängel ernten. Die Blattrosette stehen lassen.

Dünger

Petersilie ist das einzige Kraut, das gedüngt werden muss. Eine mitteldicke Kompostschicht sollte einige Wochen vor der Aussaat aufgetragen werden. Nicht direkt düngen!

Verwendung in der Küche

Roh in Salaten, in Suppen, in Soßen, als Pesto (zu Nudeln, Pellkartoffeln, in Suppen).

Pesto (gilt auch für Basilikum, Rucola und Salbei)

Petersilie kann zu einem vorzüglichen Pesto weiterverarbeitet werden. Die Blätter gut waschen und trocknen lassen.
Die abgezupften, trockenen Petersilienblätter in einem Standmixer mit viel Olivenöl und einigen Knoblauchzehen zu einer grünen, sämigen Soße pürieren. In das grüne Mus zu gleichen Teilen frisch geriebenen Parmesan und gemahlene Mandeln rühren (nicht im Mixer), bis die Konsistenz breiartig geworden ist. Diese Paste kann nun portionsweise eingefroren werden.

Im Schraubglas hält Pesto ca. zwei Wochen im Kühlschrank. Vor dem Verzehr eine Woche durchziehen lassen. Ein gehäufter Esslöffel entspricht einer Portion Pesto pro Person.

Spaghetti al pesto

Ich taue das Pesto über dem Nudelwasser in einer Metallschale auf, indem ich den Spritzschutz über den Topf lege und darauf das Behältnis mit dem Pesto stelle. Kurz bevor die Nudeln al dente sind, entnehme ich dem Nudelwasser etwa eine halbe Kelle und verlängere damit das Pesto. Zur weiteren Verfeinerung gebe ich noch zwei Teelöffel frisch geriebenen Parmesan und etwas Olivenöl hinzu und rühre alles glatt. Ich schütte die Nudeln ab und gebe das Pesto in den leeren heißen Nudeltopf. Sofort danach folgen die abgetropften Nudeln. Ich schließe den Topf mit dem Deckel, halte ihn gut geschlossen und schüttle das Ganze kräftig durch.

Rucola

Aus-saat	Kategorie	Pflanzen pro Beet	Pflege	Kultur	Ernte	Rent.
III - VIII	♣	-	Blüten entfernen	zweijährig	V-XI	☺ ☺ ☺ ☺

Ich halte seit Jahren ein Beet für Rucola bereit. Dieses Kraut neigt stark zum Wildwuchs, blüht schnell und wird irgendwann sehr herb im Geschmack. Durch die Begrenzung der Beete kann es leicht in Schach gehalten werden. Die ersten zarten Rucolablätter verwende ich in Salaten. Gerade zu Beginn der Vegetationsperiode ist man froh über jedes Blättchen Grün, das man im Garten findet und die robuste Rucolapflanze bietet schnell eine herzhafte Salatbeilage. Im Laufe des Sommers wird das Kraut immer gröber und fester und beginnt zu blühen. Anfangs entferne ich die Blüten, doch dann schneide ich die ganze Pflanze zehn Zentimeter über dem Boden ab und zupfe die Blätter ab. Daraus mache ich Ruco-lapesto, das sich sehr gut einfrieren lässt und von dem ich während des ganzen Winters essen kann (Rezept s. Petersilie).

Anordnung im Beet

Sie können für Rucola das Beet nehmen, das den wenigen Ansprüchen genügt, die diese Pflanze an sein Erdreich stellt. Rucola wächst überall! Hier geht es lediglich darum, den Wildwuchs in Schach zu halten.

Gießen

Rucola übersteht auch Trockenheit sehr gut.

Pflanzzeit

Rucola kann man jederzeit ab Ende März bis August ins Freiland säen. Angaben auf der Packung beachten.

Pflege

Die ersten Blüten abschneiden und solange ernten, bis die Blätter zu streng und holzig werden.

Ernte

Vor der Blüte sind die Blättchen am besten. Danach die ganze Pflanze zehn Zentimeter über dem Boden abschneiden. In Kürze können Sie wieder das aromatische Kraut ernten.

Dünger

Rucola verträgt keinerlei Dünger, auch die Gabe von Kompost ist überflüssig und könnte den Geschmack beeinträchtigen.

Verwendung in der Küche

Roh in Salaten, auf Pizza, in mediterranen Soßen, als Pesto (zu Spaghetti, Pellkartoffeln, in Suppen).

Zusammenfassung

Artischocken

Pflanz-zeit	Kate-gorie	Pflanzen pro Beet	Pflege	Kultur	Ernte	Rent.
V	♣♣♣	1	Winterschutz	mehrjährig	IX-X V-VI	☺

Auberginen

Pflanz-zeit	Kate-gorie	Pflanzen pro Beet	Pflege	Kultur	Ernte	Rent.
V	♣♣♣	4	anbinden	ganzjährig	VIII-XI	☺ ☺ ☺

Buschbohnen

Aus-saat	Kate-gorie	Pflanzen pro Beet	Pflege	Kultur	Ernte	Rent.
V-VII	♣	40	anhäufeln	Nachkultur VII: Grünkohl	VII-IX	☺ ☺ ☺ ☺

Erbsen

Aus-saat	Kate-gorie	Pflanzen pro Beet	Pflege	Kultur	Ernte	Rent.
III-IV	♣	60	Kletter-vorricht.	Nachkultur VII: Grünkohl	VI-VII	☺ ☺ ☺

Erdbeeren

Pflanz-zeit	Kate-gorie	Pflanzen pro Beet	Pflege	Kultur	Ernte	Rent.
V	♣♣	12	im XI Blätter abschneiden	mehrjährig	VI-X	☺ ☺

Fenchel

Pflanz-zeit	Kate-gorie	Pflanzen pro Beet	Pflege	Kultur	Ernte	Rent.
V	♣♣	8	anhäufeln	Nachkultur VII: Bohnen	VII	☺

Freilandgurken

Pflanz-zeit	Kate-gorie	Pflanzen pro Beet	Pflege	Kultur	Ernte	Rent.
V	♣♣♣	2	Triebe kappen	ganzjährig	VI-X	☺☺ ☺

Gurken

Pflanz-zeit	Kate-gorie	Pflanzen pro Beet	Pflege	Kultur	Ernte	Rent.
V	♣♣♣	2	Triebe kappen Überdachung Klettergerüst	ganzjährig	VI-X	☺☺ ☺

Grünkohl

Pflanz-zeit	Kate-gorie	Pflanzen pro Beet	Pflege	Kultur	Ernte	Rent.
VI-VII	♣♣♣	4	Triebe kappen Blätter kontrol-lieren	Vorkultur III: Erbsen, V: Bohnen	XI-XII	☺☺ ☺

Knollensellerie

Pflanz-zeit	Kate-gorie	Pflanzen pro Beet	Pflege	Kultur	Ernte	Rent.
V	♣♣♣	6	-	ganzjährig	IX-XI	☺☺

Kohlrabi

Pflanz-zeit	Kate-gorie	Pflanzen pro Beet	Pflege	Kultur	Ernte	Rent.
IV - VIII	♣♣♣	12		Nachkultur VII: Bohnen	VI-X	☺☺

Mangold

Pflanz-zeit	Kate-gorie	Pflanzen pro Beet	Pflege	Kultur	Ernte	Rent.
IV - VI	♣♣	6 / 12	Winterschutz	mehrjährig	VI-XI	☺☺ ☺

Möhren, gelbe Rüben, Karotten

Aus-saat	Kategorie	Pflanzen pro Beet	Pflege	Kultur	Ernte	Rent.
III-VI	♣♣	60	pikieren	Nachkultur VII: Bohnen	VII-X	☻ ☻

Paprika

Pflanz-zeit	Kategorie	Pflanzen pro Beet	Pflege	Kultur	Ernte	Rent.
V	♣♣♣	9	anbinden abknipsen	ganzjährig	IX-XI	☻

Radicchio

Pflanz-zeit	Kategorie	Pflanzen pro Beet	Pflege	Kultur	Ernte	Rent.
VII-VIII	♣♣	9	im Spät-herbst abde-cken	Vorkultur III: Erbsen, V: Bohnen	X - XI	☻ ☻ ☻

Radieschen

Aus-saat	Kategorie	Pflanzen pro Beet	Pflege	Kultur	Ernte	Rent.
III - IX	♣	180	pikieren	Zwischenkultur	IV - X	☻ ☻ ☻

Rettich

Aus-saat	Kategorie	Pflanzen pro Beet	Pflege	Kultur	Ernte	Rent.
III - IX	♣♣	20	pikieren	Zwischenkultur	V - XI	☻ ☻

Salat

Pflanz-zeit	Kategorie	Pflanzen pro Beet	Pflege	Kultur	Ernte	Rent.
IV - VII	♣♣	20 - 25	abzupfen	Vorkultur III: Erbsen V: Bohnen	V - XI	☻ ☻ ☻ ☻

Wintersalate - Endivien und Frisée

Aus-saat	Kategorie	Pflanzen pro Beet	Pflege	Kultur	Ernte	Rent.
VII - IX	♣♣	9	zusammen-binden	Vorkultur III: Erbsen V: Bohnen	IX - XI	☺☺ ☺

Staudensellerie

Aus-saat	Kategorie	Pflanzen pro Beet	Pflege	Kultur	Ernte	Rent.
V	♣♣♣	9	anhäufeln, umwickeln	ganzjährig	VIII-XI	☺☺

Tomaten

Pflanz-zeit	Kategorie	Pflanzen pro Beet	Pflege	Kultur	Ernte	Rent.
V	♣♣♣	4	anbinden ausgeizen überdachen	ganzjährig	XII-X	☺☺ ☺☺

Kräuter

Basilikum

Aus-saat	Kategorie	Pflanzen pro Beet	Pflege	Kultur	Ernte	Rent.
V	♣	-	Blüten ent-fernen	ganzjährig	VI-X	☺☺

Petersilie

Aus-saat	Kategorie	Pflanzen pro Beet	Pflege	Kultur	Ernte	Rent.
III-VII	♣	-	-	zweijährig	V-XI	☺☺☺

Rucola

Aus-saat	Kategorie	Pflanzen pro Beet	Pflege	Kultur	Ernte	Rent.
III - VIII	♣	-	Blüten ent-fernen	zweijährig	V-XI	☺☺ ☺☺

Abbildungsverzeichnis

Quellenverzeichnis

http://de.wikipedia.org
http://www.mein-schoener-garten.de/
http://www.hausgarten.net
http://www.garten-kompass.de
http://www.chefkoch.de
http://www.haus.de

Danksagung

Ich möchte all denjenigen danken, die mir bei der Entstehung des Buches behilflich waren und mir durch ihr Können und ihre Motivation ein Zusammenspiel auf professioneller Ebene geboten haben.

Herzlichen Dank an Gertrude, Regina, Ulrike, Heiko, Hans Peter, René, Thomas B., Thomas M. und Werner.